JN440182

임미옥 시집

첼로꽃

문학사계

머리말

내 삶의 양초는 얼마만큼 남아있을까. 문득 남은 목숨의 토막을 가늠해봅니다. 그리고 태우며 지나온 시간들을 돌아봅니다. 돌이켜 보면 그다지 치열하지 못한 나날들이었습니다. 등단한 지 10년, 첫 시집을 낸 지 어느덧 7년 가까운 세월이 흘렀습니다. 시인이라는 이름을 달고서 매일 매순간 그 이름답게 살아왔을까 자문해보면 부끄럽기만 하고, 시를 쓰는 시간마저도 온전히 집중하지 못한 적이 많았음을 고백하지 않을 수 없습니다.

이제 그 부끄러운 시간의 편린들을 한 데 엮어보려 하니 보기 흉한 이미지들이 자꾸 앞을 가로막습니다. 마치 불완전 연소한 양초처럼 지저분한 그을음과 촛농이 시의 몸통에 어지럽게 붙어 있기 때문입니다. 시는 언어의 연금술이라는데, 연금술사인 화학자의 처지에서 살펴볼 것 같으면 그 이유는 너무도 명백합니다.

양초의 불꽃이 활활 타는 데에 필요한 것은 깨끗하고 충분한 대기라고 합니다. 시의 불꽃이 활활 타오르기 위해서도 그처럼 깨끗하고 충분한, 시만을 위한 시간이 필요했을 것입니다. 무엇에 쫓겨 그리도 바삐 허덕였는지, 마음의 먼지를 일으키며 분주했던 일상을 핑계로 시를 소홀히 한 죄, 결산의 때에 이르러 그 대가를 치르지 않을 수 없습니다.

그러나 마냥 부끄러움에 빠져 지낼 수만은 없기에 참회하는 심정으로, 새로이 정진을 다짐하는 마음으로 이 시집을 엮습니다.

여기 실린 시들은 대부분 계간 문학지인 『문학사계』에 실렸거나 《문학가족》 동인 시낭송회에서 발표했던 작품들입니다. 이는 나의 문단생활에 대한 무관심과 협소함 탓도 있겠지만 그보다는 오히려 이들이 내 문학 활동의 양대 축이었다는 의미가 클 것입니다.

이 두 축을 통해서 나는 멈추지 않고 구를 수 있었고, 미약하나마 시의 불꽃을 꺼뜨리지 않고 피워낼 수 있었습니다. 그러므로 그 잡지와 모임을 이끌고 동참하시는 분들께 이 기회를 통해 감사하지 않을 수 없습니다. 그들은 아직 깨끗한 종이 한 장과 제대로 된 한 자루 붓조차 마련하지 못한 내게 늘 과분한 지면과 무대를 제공하여 주었으며, 지혜롭고 따스한 동행이 되어 문학을 통한 참된 삶의 길에 함께하여 주었습니다.

깊어가는 겨울밤, 이상 한파를 예고하는 바람이 몰려오고 있습니다. 그 바람에 씻기는 도시 변두리에 자리한 도요새의 둥지와 같은 나의 거처 유리창 너머 솔숲 사이로 불빛들이 얼음보석들처럼 영롱하고 다채롭게 반짝입니다. 온 세상을 얼리는 매서운 추위가 찾아올지라도 새는 다시 먼 길을 떠나기 위해 아마도 접었던 날개를 펴면서 싸늘한 대기에 그 긴 부리를 헹구고 있을 것입니다. 보다 힘찬 날갯짓으로 더욱더 높이 멀리 날기 위해, 더욱 진실한 발성으로 보다 절실하게 노래하기 위하여. 무리 속의 한 마리 도요새처럼 나도 내 존재의 영원한 새벽을 향해 쉼 없이 날아가는 시혼의 소유자였으면 좋겠습니다. 모든 위대한 시인들이 그러하였듯이 치열한 시혼의 날갯짓으로 오롯이 타오르는 한 자루 촛불이었으면 좋겠습니다. 어떠한 티끌도 남기지 않고 활활 타서 깨끗이 사라지는 생명일 수 있다면…

오늘 나의 이 시집이 탄생하기까지 물심양면 직간접으로 도와주신 모든 분들에게 다시금 머리 숙여 감사드립니다. 특별히 무던한 마음으로 부족한 아내와 엄마의 가시를 잘 참아주고 아낌없이 배려해준 그이와 두 딸아이들에게 감사를 전합니다. 그리고 이 책의 탄생에 맞춰 새삼 시의 히말라야산맥 앞에 옷깃을 여밉니다. 멀리서 언제까지나 눈의 등불을 들고 서 있는 대설산의 고지를 향하여 정진을 다짐하며 부끄러움의 능선을 넘습니다.

단기4342년(서기 2009년) 1월 12일
용인 도요새의 둥지에서
임미옥 적음

차　례

머리말 • 3

I. 첼로

12 • 첼로
13 • 첼로를 켜는 여인
15 • 첼로소나타
17 • 대금시나위
18 • 앵초 화분 놓인 창가
20 • 목련의 변辯
22 • 보내면서
23 • 천국의 식사
24 • 눈보라 속에서
26 • 아침커피
28 • 꿈의 싹들을
29 • 유리창
31 • 화톳불
32 • 참고양이
33 • 3월

34 • 봄날아침
35 • 꽃무릇
37 • 봄비 내린 뒤에
39 • 봄날 꽃잎처럼
40 • 꽃사과 한 알
41 • 하늘을 보면
42 • 무지개

Ⅱ. 노고단에서

44 • 노고단에서 1
45 • 노고단에서 2
47 • 수평잡기
49 • 축구실감
50 • 차 따르는 소리
52 • 꿈꾸는 대서소
53 • 폐선부지
55 • 믿음길
57 • 소망길
59 • 가을
60 • 다산초당
62 • 추억의 수초
64 • 마가렛 꽃필 때

66 • 호랑이쇼
68 • 파타야의 명암
70 • 맛사지를 받으며
71 • 방콕 야경
73 • 비무장지대에서
75 • 바리데기 독도
76 • 하늘공원
78 • 조선소나무
80 • 추자젓

Ⅲ. 낙엽을 보면서

82 • 낙엽을 보면서 3
84 • 낙엽을 보면서 4
86 • 낙엽을 보면서 5
88 • 빗속의 분수
90 • 비
92 • 겨울비를 맞으며
93 • 겨울나무
95 • 넝쿨장미
96 • 비보호좌회전
98 • 놋대야
99 • 낙과를 사면서

101 • 사과식초
103 • 사과잼 만들기
105 • 깨진 유리잔을 치우며
107 • 절망을 요리하다
109 • 베트남처녀
110 • 식언食言
111 • 간벌間伐
112 • 등나무열매
114 • 야생초 기르기
116 • 수련화를 기다리며

Ⅳ. 빨래 개키기

118 • 빨래 개키기
120 • 늙은 호박 생각
122 • 추석에
123 • 성묘 가는 길
124 • 흰나비
125 • 김장
127 • 괘종시계
129 • 빈 둥지의 노래
131 • 욕실청소
133 • 머리를 감기면서

135 • 파단
136 • 코코아우유
137 • 붕어빵인생
138 • 연필 깎는 아이들
140 • 야외수업
142 • 완두콩 까기
143 • 틀니
145 • 링거 맞는 소나무
146 • 신차경고문
147 • 가을꽃꽂이
148 • 가을별
149 • 먹을 갈면서
150 • 일몰

영어 번역시 / 번역 · 지창영
152 • 사과 깎는 법(How to peel an apple)
158 • 잔盞(A Cup)

작품해설 / 황송문
162 • 첼로의 遍歷과 和音

I

첼
로
·
·
·

핏빛으로 핏빛으로 떨리어 울리는 원융무애, 내 마음의
심연에 끝없이 여울져오는
낮은음자리표의 간절한 기도에 천지를 휘감아 돌며
화답하는 창공의 메아리

첼로

눈물
어리게
투명한
날이면
첼로를
켠다

태양을 삼키고 침묵하는
오래된 나무 아래 비스듬히 누워
신의 藏書를 읽고 있는 그의 머리카락에
이마와 눈썹, 콧날과 입술, 그리고 턱과 목
어깨와 가슴, 팔과 다리, 손끝 발끝에까지
순전한 향유 부어 보드라운 융으로 닦으면
다갈색 눈부신 나신 드러내며 한 걸음 다가오고
꿈꾸는 네 줄 현 팽팽히 당겨 조율하면
산맥처럼 불끈 솟구쳐 뛰는 혈관

꿈 잃고 떠돌던 허무의 활대 방황의 나래 접고 스미듯 다가앉아 힘찬 혈맥을 타면

핏빛으로 핏빛으로 떨리어 울리는
원융무애, 내 마음의 심연에 끝없이 여울져오는
낮은음자리표의 간절한 기도에 천지를 휘감아돌며 화답하는
창공의 메아리, 마음과 목숨과 뜻을 다한 사랑은 아름답
거니 진실로 아름답거니 죽는 날까지 그 사랑 우러르는
해바라기, 달맞이꽃, 별똥지기의 눈빛 만발한 세상은 향기로
우리 참으로 향기로우리 강하기에 질풍 맞아 비틀거리고 쓰러
지면서도 끝내는 신의 햇볕에 고색창연한 色으로 물드는 가을
산야 그 넉넉한 품과 든든한 어깨에 기대어 안겨 잠든 달빛에
이슬 내리는 밤 커피향내 진하게 밴 골방에서 밤을 새운 눈물의
기도로 불붙인 맑은 등불 들고 걸어가는 사람의 옷자락은
낡을수록 고귀한 뜻 품었으니 世世生生 영원무궁토록
변함없이 울리리 新生의 울림
끝없이 펼치리
再生의
선
율
|
|
|

첼로를 켜는 여인

– 같은 제목의 헝가리 국립미술관 소장 유화를 보고 –

파란 하늘 엿보이는
까만 커튼 앞에서
빨간 원피스의 여인이
황갈색 첼로를 켠다.

지느러미 흐느적흐느적
바다 속 인어가 되고픈지
열정을 다하여 켜는 목숨 줄에서
실개울이 열리고
강물이 흐르고
강물에는
슬픈
욕망의
불빛
흔들리는데

우울한 일요일,
고요히 흐르는 도나우 강물처럼
삶과 예술의 양안을 껴안고
온종일 첼로를 켜노라면

까만 강물의 커튼 너머 열리는
파아란 하늘 저 멀리
그리운 음성 여울져온다.

첼로소나타

- 베토벤 첼로소나타 No.69에 붙여 -

눈물과 슬픔 속에서 피워 올린 무지개
대지를 발돋움하여 하늘 우러르는
악성의 프리즘에 굴절하는
신의 눈빛이다.

슬픔의 골짜기에 차오른 옥합 깨뜨려
임의 발을 씻기고 머리에 향유를 붓던
여인의 섬섬옥수로 짚어내는
일곱 빛깔 신의 음표들,
단 한 번 죽음의 연주로 살려낸
영원의 약속이다.

장미 활대에 감긴 달빛 활털
심연 품은 대지의 은빛 현에 닿으면
지옥의 밑창 뚫고 솟구쳐
하늘 저 높이 날아오르는
붕새의 날갯짓

검은 눈물의 하상과 푸른 슬픔의 심연
지상과 천상이 만나 어우러지는
숨소리--- 숨소리---

천지간에 피어나는
일곱 빛깔 무지개 저 너머
온 우주에 울려 퍼지는
향기로운 언약의 울림이다.

대금시나위

꺾이는 형상 풀어
무형의 춤사위 허공에 날린다.

공空을 안고서 올곧게만 뻗어가는 일
얼마나 고단하고 답답했을까.
절개도 이래야 숨 쉬고 살지.

참대에 구멍 뚫자
안의 공과 밖의 공이 통하여
비로소 열리는 우주의 신비

절해고도 기암절벽에 뻗어난
참대 드높은 가지 끝의
하얀 외씨버선에 무명 두루마기

넘나드는 맑은 바람결 따라
흰 구름 달빛 번뇌 풀며 감으며
걸림 없는 허공으로 너울너울
무중력의 춤사위를 날리네.

앵초 화분 놓인 창가

꽃 핀 그대
창문 앞 지날 때
내 가슴의 시냇물 출렁입니다.

참으로 큰 것을 아는 사람은
작은 것을 사랑합니다.
한 여자를 진정으로
사랑하는 사람이라야
온 인류를 품을 수 있습니다.

그대 큰 손으로 내어놓은
자그마한 앵초 화분 속에
바람 멈추더니
빗방울 고이고 햇살이 모여
숲이 우거지고 바다가 출렁입니다.

밤의 어둠을 지나온 아침 햇빛처럼
사색의 그늘 짙은 그대

미소 같은 꽃등불에
잿빛 도시의 실핏줄 풀리어
죽었던 그리움이 살아옵니다.

목련의 변辯

여자를 벗고 인간으로
그대 곁에 서고 싶습니다.

철모르던 삼월 어느 날
숲 속 멀리
신성한 비둘기 날려 보낸 뒤
목숨의 향기 어지러운
사월의 황무지 헤매다가

목마른 시간에 찾아든
오월 무각사 입구에
홀로 선 나,

여자의 옷을 벗고
인간의 몸으로 선
내 깊은 시름의 주름살 짚어
레드 바이올린을 켜실
당신은 누구십니까.

그 옹이와 마디 사이로
흐릿한 하늘 훔쳐보는
푸른 눈망울 떨게 하실
당신은…

사람의 길에서 순종하는
짐승들 눈 감으면
하늘 곡조로 풀어지는 피멍,

언젠가 푸르던 잎들마저 모두
떨치고 하늘 길로 뻗어가야 할 테지만
그때까지는 목련꽃 두 세 송이
남겨두고 싶습니다,

빛으로 오는 그대 만나기 위하여…

보내면서

채웠다가 비워지는 사발 속처럼
휑하니 바람이 인다.

채우면 채울수록 따스한 청기가 돌고
비우면 비울수록 마알간 찻물이 배는
내 마음은 옥자수다완玉子手茶碗

눈물의 씨앗 품은 흙가슴을
홀로 견뎌야 하는 신열에
쐐기 먹은 잎새처럼
무수히 금간 빙열氷裂 사이

가야 할 사람
말없이 떠나보내는
젖은 손끝에 풀리는 바람
빈 막사발에 달빛만이 그득하다.

천국의 식사

시 쓰기에 지친
오후 한 시
쓰디쓴 커피 한 잔에
사과잼 바른 식빵 한 조각

핏빛 간절함 가슴에 묻은 채
느티나무처럼 굳게 서서
손을 흔들던 그대
바람에 날리던 넥타이 자락에
묻어오던 슬픔 같은 것
낙조 빛깔의 추억 같은 것

살빛 그리움을 표백하여
시의 가슴에 펴 바르는 고독이려니
한 입 베어 물면
천국의 식사가 이럴까
부재로 맛을 내는
그대 언제나 내 안에 있어
나는 정녕 행복하여라.

눈보라 속에서

눈보라 속을 떠도네.
지상의 안식처를 찾지 못하고
허공에서 부유하는
눈꽃들처럼

하늘은 아슴한데
대지는 황량하고
바람이 그를 놓아주지 않아
날개가 아픈 영혼들

숙명에 헤매 도는 미궁에서
추락의 두려움과
안식의 갈망 사이 떠돌며
뜨겁게 아우성칠 때

가슴에 시린 별을 품은 채
빛바랜 소망의 옷깃 여미고
막막한 길 더듬어

하늘 언덕 오르는
내 쉴 곳은 어디,

하얀 눈 무덤에 찍힌 까만 발자국들
길고 엄숙한 미사를 봉헌하는 동안
성당 마당과 지붕에서 서성이던
눈꽃들과 함께 다시
머언 순례의 길을 떠나네.

아침커피

검은 미네르바의 뜨거운 눈물을 마신다.

사막보다 황량한 신도심의 밤
무성한 네온빛 꿈의 가지에 열린
취한 어둠의 알갱이 한 움큼
분쇄기로 얼추 빻고
밤새 오아시스처럼 숨어 떨던
새가슴에 차오른 생수
갓 붙인 기도의 햇불로 팔팔 끓여
여명이라는 천연 여과지에 붓는다.

분분한 꿈들 간절한 염원에 씻겨
침침한 악몽의 찌꺼기는 죄다 걸러지고
유리주전자에 시나브로 흘러드는
시바 여왕의 눈물……

아라비안나이트의 옥좌에서 내려와
별을 수놓은 비로드 치맛자락 들어올리며

솔로몬의 수정마루를 거닐던
아득한 그녀가 눈물 떨구며
회심回心의 향기를 풍기는 까닭은 무얼까.

혼자 눈뜨는 아침
까마득한 전설 같은 사랑의
씁쓸 향긋한 진실을 마시면서
유리창 너머 쏟아지는 빛을 맞는다.

활자를 읽으리라
인간의 활자로 뒤덮인
만물에 새겨진 신의 커피를 읽으리라고.

꿈의 싹들을

비닐봉지에 담긴 채 부엌 어두운 구석에 놓여 있는
고구마를 바라본다. 잊혀진 여인처럼
숨죽인 채로 하릴없이 말라비틀어져가던 고구마
붉은 몸 숨구멍마다에서 오돌오돌 싹눈이 돋고
자줏빛 싹들이 성냥불처럼 확확 불붙고 있었다.
햇빛도 물도 바람도 차단된 비닐봉지 안에서
제 안의 빛살을 먹고 제 눈물 받아 마시며
푸른 동맥 꿈틀꿈틀 움츠린 심장을 펌프질하는
저 끈질긴 꿈의 덩어리들……
외로운 밤 뒤척이는 꿈자리마다 새록새록
연둣빛 꿈의 싹들을 틔워내고 있었다.
빈 방 어디에선가 숲이 자라고
뿔이 향기로운 사슴들 돌아보는 듯
잠들지 못하는 눈빛들을 꿈꾸듯 바라보다가
항아리뚜껑 수반에 담아 볕드는 창가에 모셨다.

유리창

유리창이 밝아온다.
두터운 밤의 장막을 걷고
망사 커튼처럼 흐릿한
새벽안개를 젖히고
가을아침이 밝아온다.

고난의 여름을 뒤로 하고
코코넛오일처럼 찐득한 열대야
밤의 강물에 몸을 씻은
바다처럼 푸른 하늘을 담은
눈물의 결정

오직 별을 바라보는 마음으로
수천 도 고온과 수억 근 고압을
말없이 오래 견디었구나.

싸늘한 바람을 맞으며
따스한 시간들을 찬미하는

맑고 밝은 그 눈길 앞에
엎드려 잠든 복슬강아지
흰 털 속에서
노오란 마타리 꽃이 피어나고
물총새떼 무지갯빛 수정을 떨구며
창공을 날아오른다.

화톳불

창밖에 화톳불이 타오르고 있다.

도심의 불빛들이 멀어진 언덕 위
외딴집 서재 유리창 밖에서
불새처럼 활활 타오르고 있다.

나는 새를 동경하는 고양이
창 앞에 앉아 불꽃을 응시한다.

설원을 뒹굴던 장작들이 모여 피운 불꽃에
새벽 일꾼들이 몸을 녹이며 커피를 마신다.

밤을 타서 마시는 내 생의 빙벽에도
불새가 날아와 비상의 나래를 퍼득거린다.

참고양이

집을 나선다.
누를 수 없는 열망의 샘을 따라
고속도로 방음벽을 기어오르는
담쟁이 넝쿨처럼
소리도 없이 천지사방 뻗어나가는
존재의 에스프리

눈처럼 흰 등에 흑갈색 반점을 가득 지고
까끌한 혀로 높다란 콘크리트 벽을 핥다가
부드러움 속 날카로운 은유의 발톱으로
잿빛 도시의 혈을 뚫어
바람을 일으키고 구름을 일으키고
장미와 양귀비를 피워 나비 되고 벌새 되고
그 소리와 날갯짓 모양이 되어
하늘 날아 구름 보고 허공 탐색하더니
저녁이면 집으로 돌아온다.
둥지를 찾아드는 새들처럼
하루의 놀이를 접고 돌아온 아이처럼
천연덕스레 침대에 누워 껌처럼 긴 잠에 빠진다.

3월

안개 속에서 꽃이 피네.

육신의 우둔함과
계절의 민감함 사이
촉수가 뻗쳐 흐르는
베일 저쪽의 미소

삭정이와 신록 사이에서
살포시 미소 짓는
태양의 약혼녀

사랑의 원유 가득한
희망의 램프를 안고
떨며 머뭇거리며
먼 길 걸어서 오네.

봄날아침

전등불 켜지 않아도
다시금 또렷해지는
삶의 의미

누구 때문이 아니라
무엇을 위해서가 아니라
어둠의 터널을 빠져나온
맑은 빛이 그저 좋아
이슬 털고 일어나는 풀잎들처럼
창문을 연다.

닭이 알을 낳고
알은 다시 닭이 되어
개벽을 알리는
시작도 끝도 모를 윤회의 태동

아무리 고달파도
쏟아지는 햇빛 한 줌 모시고
거듭거듭 새로이 은총을 맞는다.

꽃무릇

가을 용천사
산길 오르는
고독한 왕녀

가고 오지 않는
님 떠난 그 자리에
꽃으로 피면 무엇 하나
향으로 퍼지면 무엇 하나

차단한 녹색 의상 속에
정염의 불꽃을 감춘 채
부처님 뵈러 가는 길

크리스털 가루 같은
태양의 눈빛에
생명의 기쁨 일렁이지만
벌 나비는 없어도 좋아

영원히 지지 않을
붉은 마음 한 조각으로
이 세상 꽃처럼 살다 가리니.

봄비 내린 뒤에

꿈 깊은 봄밤
아무도 몰래 초야 치른
신랑 신부처럼 천지는 밤새
격정의 노래 함께 부르다가
아침이면 외따로이 떨어져
마음만 주고받는다.

오랜 가뭄 끝의 소낙비 같은
단비가 농악놀이 상쇠잡이
열두 발 상모돌리기처럼
천둥과 번개 울리며
한밤 내 쉼 없이 휘몰아치더니

언제 그랬냐는 듯
하늘은 마알간 눈빛 저만치
찬찬히 누리를 굽어보고
사과즙 흠뻑 들이마신
대지는 배가 부풀어

들판 가득 새싹들을 낳는다.

흐뭇한 피로에 젖은
천지부모 꾸벅꾸벅 졸 때에
새싹 같고 꽃눈 같은 아기들
엄마 대지의 너른 품에 안기어
아빠 하늘의 높은 이마 바라보며
실눈을 뜨고서 방긋방긋 웃는다.

천지간 그윽한 교감의 물결이
반짝이는 서정의 시냇물 되어
삼중협주곡으로 굽이굽이 굽이쳐간다.

봄날 꽃잎처럼

욕심 부리지 않을래요.

맑게 열린 하늘 아래
조찰이 흐르는 바람

그 바람 속에
나붓대는 꽃잎처럼

꽃답게 피었다가
꽃답게 지는 인생

솔바람에 묻어오는
라일락 꽃잎의 향기로
더는 욕심 부리지 않을래요.

꽃사과 한 알

꽃사과 한 알 속에
우주가 숨 쉬고 있습니다.

해의 눈빛을 닮은
작고 둥글고 붉은 은총

밝고 따스한 섭리 속에
차마 말로 다 못할
계시가 스며있습니다.

캄캄한 겨울밤에도
꺼지지 않을 온돌방 질화로
재속에 잉걸불이 살아있습니다.

하늘을 보면

하늘을 보면
어디로든 끝없이 가고 싶다.

엄마아빠 손잡고 나들이 나온
아이처럼 천진하게 노닐고 싶다.

잔물결 짓는 호면 위를 맴도는 잠자리처럼
클로버 꽃밭에서 잉잉대는 꿀벌들처럼
한없이 커지는 소박한 꿈

하늘을 보면
은륜을 굴리는 어린이들처럼
온 세상 가득
하늘빛 알곡을 허쳐뿌리며 달려가고 싶다.

무지개

– 함허정涵虛亭에서 –

함허정에 올라
무지개를 바라본다.

녹우綠雨에 젖은 산
능선에서 피어나는
불멸의 환상
텅 빈 가슴으로 다가와
찬연한 하프를 켠다.

심연은 심연으로 놓아두고
봉우리는 봉우리로 남겨둔 채
무위無爲한 하프의 선율 따라
실없이 부르는 노래

천지사방 담연淡然한 빛살 퉁기며
한세상 조요照耀로이 살다가 가리.

II

노고단에서...

언제나 베풀다가
굽은 등 빈 젖으로 남아도
불면의 시간 하얗게 바랜 가슴에
돌던을 쌓고 야생화를 기르는
할머니, 안개 바다

노고단에서 1

구름연기
비안개 장막 저편
하늘이 보이지 않았다.

죄짓지 않으려 숨는 몸짓
위로 위로 탈속으로 솟아
가파른 정상에 홀로 서있는
청정清淨 할머니가 보일 뿐,

언제나 베풀다가
굽은 등 빈 젖으로 남아도
불면의 시간 하얗게 바랜 가슴에
돌단을 쌓고 야생화를 기르는
할머니, 안개 바다

해밝은 내일을 꿈꾸며
곰취 웃음꽃을 날리고 계시네.
높을수록 낮아지고
외로울수록 더불어 살아야 한다고.

노고단에서 2

들꽃이나 가꾸며 살까 보아요.
소나무 한 그루 오롯이 심어내지 못하고
찬바람만 윙윙대는 황량한 고원
야생화나 키우며 살까 보아요.

다람쥐 쳇바퀴 도는 생활이면 어때요.
파아란 하늘을 주인으로 모시고
나지막이 들판처럼 살아가는 세월
행복이 운해처럼 몰려올 거예요.

꽃밭이나 일구며 살까 보아요.
부지런한 손 잎새로
넘치는 햇빛 샘을 길어 담고요
굳은 믿음의 뿌리로
깊이 잠든 씨앗들을 일깨워서요
천상낙원, 산상화원을 꾸며볼까 해요.

벌 나비 지천으로 날아들고요

잠자리도 반공중에 머무르겠죠.
그 무엇도 부럽잖은 꽃봉오리 되어서
저만치 우뚝 솟은 반야봉 천왕봉을
건너보며 조용히 살까 보아요.

수평잡기

– 통영에서 –

외면할 수 없었다.
안개 낀 선창가
낡은 고깃배 널따란 그물에 걸린
가여운 먹이 차지하려고
비석처럼 울어대는 무리들

죽어도 묘비명 한 구절은 남기고 가리라.
하늘도 바다도 아직 잠깨지 않았는데
지난밤 마신 꿈의 취기를 풍기며
아침 식탁에 몰려드는 시인들처럼
날개 꺾어 곤두박질치다가도
바다인지 하늘인지
몽롱한 안개 속 심연이 어지러워
또 다른 날개 파닥거리며
끼끼 끼룩 끼끼 끼룩끼룩

그립고 두려운 무엇 거기 있기에

싱싱한 해물탕에 쓰린 속을 풀다가
독한 꿈의 도수를 되짚다가
떠나지도 머무르지도 못한 채
수평선만 퉁기며 울어대는지

하늘과 바다 한가운데
아침바다 갈매기 떼
비명 같은 울음을
차마 외면할 수 없었다.

축구실감

- 2002 월드컵 축구를 보고 -

달린다 구른다 솟구쳐 뛰어오른다
개똥밭에 굴러도 이승이 좋다는 사나이들이
부딪치고 엎어지고 처박히고 나뒹굴면서
맨 처음 직립 보행하던 그 자존심
굳센 두 발로 무릎으로 허벅지로
뜨거운 가슴으로 냉철한 머리로
간계를 도모하는 손만 빼고
발끝에서 머리끝까지 온몸을 내던져
찢기고 터지고 깨지면서
개똥참외 걷어찬다
개똥밭에 이슬 내릴 때까지
땀과 피의 이슬 모여
바다가 되고 하늘이 되어
대지와 바다와 하늘이 하나 되는
폭풍우 속 질경이 풀잎 위의 우주가 되어
잡별들 죄다 빠져 달아난
내 가슴 성근 그물 뒤흔들며
뛰어든다 안겨든다 고이 잠든다.

차 따르는 소리

– 담양 명가은 찻집에서 –

땡볕도 시들한 여름 한나절
주인 모를 찻집
초의선사 선방 같은 다실에서
가수와 화가와 시인이 차를 따른다.

쪼르륵 쪼르륵
허기로 벼른 창자 같은
찻잔에 차를 따르면
그 소리 절창이네 그려.
하늘도 뜨락에 장대비 쏟아 붓는다.

빗줄기에 떨어지는 풋감처럼
떫은 사념들 빗물에 흘려보내고
나뭇가지 사이로 숨어드는 새들처럼
가벼운 생각들일랑 가슴 깊이 묻은 채
장대비에 살아나는 초록 잎 붉은 꽃들만
하염없이 바라볼 때에

도자잔에 차 따르는 소리
들어도 들어도 질리지 않고
뜨락에 듣는 장대 빗줄기
따라도 따라도 넘치지 않았다.

꿈꾸는 대서소

- 광주 예술의 거리에서 -

마지막 뜸을 들이는 가을볕에 익어가는 예술의 거리 길모퉁이 가게 유리창 속 한 평 공간에서 그 노인 잠자고 있다. 법전들 가지런히 자리한 보좌 책꽂이 옆 유행 모르는 대나무 의자에 정좌하고 잡문 같은 서류들 옥돌로 눌러놓은 오래된 나무책상 위에 가죽 댄 스웨터 팔꿈치 받치고 검지 펴 올린 주먹으로 떨어지고 벌어지려는 턱 괴고 입술 막은 채 돋보기 너머 흐린 눈 지그시 감고 구수한 종이 냄새에 잠겨 부유하는 어항 속 금붕어처럼 환상교향악이 울리는 우주의 먼지 속을 유영하고 있다.

유리창 밖 바람 굽이도는 길모퉁이를 끊임없이 흘러가는 인파, 그 물결 따라 지워지고 시나브로 허물어지는 지식의 글자와 신념의 모래성을 어찌하지 못하고 우리들의 절망과 희망을 대신 써주던 지난날의 영광 어느덧 사라졌어도 아직 꿈꿀 일은 남아있다는 듯이 우리들의 잃어버린 꿈을 대서하고 있다.

폐선부지

– 광주 남광주역에서 –

하얀 바탕에서 살아나는 먹빛처럼
폐선의 땅에 들어서니
유년의 기억들이 기지개를 켠다.

잿빛으로 살아온 세월들
하얗게 지워진 위로
살아나는 심장 고동 소리

목숨 걸고 건너던
철교 침목 틈새로 보이던
검푸른 시냇물

그 수력 발전으로 불 밝히던
내 안의 무수한 전구들

위험 경보가 울릴 때 숨어들던
반원의 대피소에서
귀 막고 눈 감으면 무사히

무서운 용이 지나가곤 했다.

쓸모를 다해 버려진 폐선부지에서
창조주는 풀꽃을 피우고
창작가들은 작품을 꽃 피우면서

무한궤도를 초고속으로 달리는
현대라는 무서운 용이
지나가기만 기다리고 있었다.

믿음길

– 광주 양림동 샛길에서 –

너무 늦지 않기 위하여
대로를 피해 샛길로 든다.

체증 심한 신작로를 놓아두고
구불구불한 옛길 따라 천천히 달리노라면
세월 저편으로 밀려났던
정겨운 얼굴들이 목례를 한다.

양의원, 한약방, 방앗간, 함석집, 목공소
지업사, 전업사, 양장점, 양복점, 양화점
미장원, 이용원, 국밥집, 제과점, 자수점, 문구점
청과점, 수선집, 철학원과 보문사, 그리고
소망을 그리는 미술학원과
그 문을 두드리는 피아노 교습소…

항시 수수한 동네 아낙네들의 곗날처럼
오순도순 모인 점방 간판들 속에는
조촐히 고풍스러운 교회 예배당,

그 새벽 초라한 앞마당에 뿌렸던
요절과 기도의 씨앗들이
어엿한 정원을 이루고 있다.

고향에 돌아와도 만날 수 없던
어머니 품속 같은 바로 그곳에서
돌아온 탕자처럼 무릎을 꿇으면
샛길이 대로 보다 훨씬 빨랐다.

소망길

- 광주 동명동 주택가에서 -

한적한 주택가 골목
햇살 고운 집
오래된 담장에 기대어
눈을 감는다.

피곤한 삶을 쉬게 하고
생기 불어넣어
한 생명 구원하는,
나그네 언제나 꿈꾸던 그곳

담장에는 넝쿨장미
가시 울타리 훌쩍 넘은
목련 꽃잎 쪼는 멧새 두 마리
높다란 지붕 위 전나무 꼭대기엔
일렁이며 머무르는 햇살과 바람

한 폭의 그림을 보듯
한 곡의 음악을 듣듯

한 편의 시를 읊듯
한 잔의 차를 마시듯
천천히 오래오래 단꿈을 꾼다.

가을

– 동학 산장에서 –

욕심 없는 바람이 나무를 물들이듯
시심은 시인을 물들인다.

철들 줄 모르는 도심의 간판이야
밤새도록 발광하거나 말거나

단풍 짙게 든 산 속에서
새들은 노래를 지저귀고
시인들은 시를 읊조린다.

번뇌를 살라먹고
영원을 향해 가지 뻗은
나무와 시인은 닮은꼴

소곡주에 얼근한 노시인의
은발이 노을에 빛나고 있다.

다산초당

임은 예서 그렇게 기다리고 계셨습니다.

신선이 되신 듯
암울한 산 속 청렴한 서옥에서
옥고와 명저를 펼쳐놓고
오지 않는 단 한 사람 기다리고 계셨습니다.

소란한 세상을 등진 채
정석 바위에
침묵의 웅변을 새기며
다가올 그날을 기다리고 계셨습니다.

임께 가는 그 길에 궂은비 내려
내일을 가늠할 수 없었지만
이끼 낀 약천에선 샘물이 솟고
석가산 연못에 어린 산그림자 더욱 푸르러
천일각 정자 가득 하늘빛 바다
옛일인 듯 새롭게 넘실거렸습니다.

아아, 임은
머무르되 그저 머무르지 않으시고
떠나되 아주 떠나지 않으신 채
찻물빛 초당 한 채로 마냥 유배되어 계셨습니다.

추억의 수초

- 여고 30주년 동창회에서 -

'오매오매 가시내들아!'

세월의 강물을 거슬러 오르는
연어의 은비늘 반짝이는 소리

부풀은 가슴 가슴마다
짙푸른 추억의 수초를 매달고
연륜만큼 깊어진 눈빛들이
망각의 물살 휘저으며 내달려오네.

수초는
옛날의 개나리 꽃동산
키 큰 나무와 단단한 바위,
음악실과 무용실과 미술실과
과학실, 도서실, 교실의
낡은 책상들과 투명한 유리창들,
모천을 유영하던

소녀들의 꿈과 사랑,
그리고 생생한 아픔
……

우리는
나울거리는 수초의
그 싱그러운 빛깔과 향기만으로도
눈이 부시게 슬프고 또 행복하였지.

황량한 가슴으로 밀려드는
은빛 우정의 물결에
하나 둘 메마른 기억들이 살아나
흔들흔들 한들한들 허튼춤을 추네.

마가렛 꽃필 때

– 진도 나절로 미술관에서 –

고향이 그리워 오실 때에는
마가렛 꽃필 때 돌아와 주세요.

십년을 하루같이
삼십년을 사흘처럼
기다림에 주름 잡힌 얼굴
텅 빈 가슴 가득
고난의 빨래로 거듭난
부활의 숨결을 불어넣어 주세요.

모두가 떠나간 빈자리에
홀로 남은 그리움이
눈물과 피땀으로 써내려간
절대 사랑의 연서
달빛에 헹구어낸 흐뭇한 미소 속을
햇살처럼 화사하게 거닐어 와주세요.

그대가 없어 내가 없는

기나긴 폐교지의 밤이 지나고
해와 달이 얼싸안고 원무 추는 때
소금 뿌린 백금에 노란 토파즈
옹이 진 손마디에 불변의 가락지로
돌아와 영원토록 머물러 주세요.

호랑이쇼

– 태국 촌 부리의 씨랏차 호랑이공원에서 –

쇼를 제발 멈추었으면……

관광천국에 넘쳐나는
볼거리 중의 볼거리라는
호랑이 쇼를 볼 때
나는 그만 그의 눈을 보고 말았다.

관광일정처럼 촘촘한 울타리 그물 밖
빽빽한 인간 밀림 너머
먼 숲을 그리는 듯
우울한 그 눈빛은
길들여진 맹수의 원시의 본능이었다.

왜 사는지 모르는 채
다만 한 덩어리 고기를 위하여
조련사가 시키는 대로 불을 넘고
직립보행하면서 박수갈채를 받는
어설픈 도시촌놈의 볼품없는 인생 무대

뭔가를 보여줘야 뭔가를 얻는
비정한 세상의 눈물겨운 희극을 감내하는
관광왕국 늙은 왕의 잃어버린 전설이었다.

파타야의 명암

푸른 도시에 빨간불이 켜졌다.

여느 어촌이었을 휴양도시
별들이 쏟아지던 하늘엔
주렁주렁 홍등이 걸리고
야자수 머리카락을 빗던
달빛은 네온에 잠겨
욕망의 노래를 읊조린다.

대지의 구수한 흙냄새는
일제 모터사이클을 타고 사라지고
금빛살 출렁이며 만선의 기쁨을
가르치던 바다의 보름달 고요가
미제 모터보트 소리로 잘게 부서진다.

휴양객들에게 점령당한 해변의
모래알처럼 흩어진
어촌사람들은 지금 어디서

다 무엇을 하고 있을까.

야자수 탐스러운 열매 아래로
날카로운 독니를 감추고
야자 살무사들이 기어오르고 있다.

맛사지를 받으며

– 파타야의 어떤 맛사지 숍에서 –

초점 잃은 그녀의 눈이 이방인인 나를 향한다.
나도 멍하니 그녀를 바라보다가 아예 눈을 감는다.

방향 잃은 그녀의 손이 여행자인 나를 더듬는다.
의식의 관절들이 요동하는 대혼란 끝에 찾아온
양수 같은 잠 속의 꿈속에서 만난 그녀,
타이 처녀의 갓난 꿈이 안개 속으로 숨어 흐른다.

스치는 만남 속에 꿈결 같은 시간을 흘려보내는
관광의 강물 저편에 어른거리는
상이 흐린 피사체
그 속에서 잠시, 오래 잃었던 나의 꿈을 찾는다.

방콕 야경

짜오프라야* 강물처럼 뿌우연
대기 속에 알알이 수놓아져 있었다.

암울한 역사의 연무 속에서도
동남아에서 유일하게 독립국으로 남았었다는
태국 백성의 보석 같은 자부심

진귀하며 변함없는 마음으로 치장된
신과 천사와 천만인의 도시가
삐거덕거리며 천천히 돌아가고 있었다.

높은 궁성과 사원의 탑신들을 휘감았던
황금과 에메랄드와 색색 유리들의 영혼이
골고루 평등하게 지상으로 깔리는
자유의 나라 행복의 도시의
미래가 빛나는 밤

베이욕 타워 84층 원형 전망대에서 바라본

방콕의 전망은 저리도록 간절한 인류의 소망이었다.

*짜오프라야 : 태국에서 가장 큰 강으로서 수도 방콕을 관통한다. 메난허(湄南河)라고도 부르며 '어머니 강'이라는 뜻이라고 한다.

비무장지대에서

보랏빛 들국화가
구멍 난 녹슨 철모를 어루만지고 있었네.

소총과 대포의 사내들에게
짓뭉개진 대지의 유복녀가
어머니 아픈 사연을 아는지 모르는지
하늘 아래 더없는 아름다움을 펼치고 있었네.

은혜의 세월로 아물리는 상처
반백년 고독 속에 우거진 기도의 숲에서
부활과 평화의 꿈을 짜깁고 있었네.

포연이 변하여 산허리 물안개 되고
잿더미에서 노송과 고매가 살아나고
야생화 무리 진 골짜기의 뼈들이 일어나
고라니 두루미랑 백두에서 한라까지
걷고 뛰고 춤을 추는 금수강산…….

그윽한 사랑의 향기가

이유 없는 증오의 상처를 어루만지며
싸늘한 철조망에 걸려 찢긴
비단 꿈 한 자락 흔적 없이 꿰매고 있었네.

바리데기 독도

천지물동이 인 채
태산준령 걸어오신
흰옷 입은 어머니의
슬기로운 막내,
해조음 거느리고
황조롱이 호위 받으며
참나리 꽃향기로 춤추며 오네.

배달의 슬기와 멋으로
사무라이 칼바람을 잠재우고
가부키의 분장도 지워버리고
비석으로 남은 역사 되살려야 한다고
뼈를 깎는 아픔에도 흔들림 없이
풍랑 이는 동해 한가운데
참선에 든 바리데기가
우레 토하는 돌이 되어
역사의 진실 외치며 오네.

하늘공원

서울이 나를 부르네.
그대가 있어 아름다운 곳,
쌀뜨물 같은 새벽안개 베일을 걷으며
사람의 길들을 가로질러 신의 길로 내달리는
언제나 젊은 그대,

물과 바람을 닮은 유화부인과 소서노공주의
아들의 아들들이 청천과 옥토의 딸들을 만나
개나리 별꽃 수놓으며 뛰놀던
아리수 강가, 마한 십제 백제 조선 대한의
오직 진실한 사람,

천년이 지나도 그대의 젊음 변함이 없고
천년 또 천년이 가도
그대를 향한 나의 사랑 변함없으리.

때로는 태양 아래서 길을 잃었지.
일렁이는 열기에 취해 신기루를 쫓다가

진시황의 무덤보다 거대한 욕망의 쓰레기,
허영의 티끌 모인 태산에 갇힌 섬이 되기도 했지.

그래도 나는 가네.
달거리 하듯
사라진 밤하늘 감춰진 별들처럼
그리운 그대 밝은 얼굴 숨어 있는 그곳,

쓰레기더미에서 달맞이꽃이 피고
버려진 땅 죽음의 강물에서

비둘기 숭어 떼 날아오르고 헤엄치며
흐려진 폐부 깊숙이 태초의 숨결 들이쉬게 될
내 간절한 소망의 도시로.

조선소나무

– 황송문 선생님 –

쇄탈한 인고의 몸짓으로
긴 세월 기다림의 자리에 섰는
외로운 선산지기

비바람 눈보라에 꺾이고 할퀴어도
변색과 변장을 모르는
언제나 한결같은 그 모습 그대로
역사의 터전을 지키고 있네.

촌에서 왔다가 촌으로 돌아간
메시야처럼
구원의 시인이 되고 싶은
당신은 언제나 촌사람

행색은 초라해도 심지는 굳고도 깊어
서울이라는 회칠한 무덤가에서도
은총의 햇살 아래 낮잠 즐기며
꺾인 가지의 부활을 꿈꾸는

당신은 또한 의로운 몽상가

마음이 울적한 날이면
꿈에도 그리운 쪽빛 음성 우러르며
늘 푸른 소망의 시를 새기네.

뜨거운 생명의 불꽃으로
끝없는 사랑의 녹음을 드리우며
가여운 비둘기 나래를 품는
내 영원한 영혼의 쉼터이며
큰 스승이신 소나무여,

나는 언제까지나 당신과 함께
이 터전에 아름다운 꿈길
푸르게 꿋꿋이 열어나가리.

추자젓

– 백추자 선생님 –

"인생은 꿈이어야."

꿈길 같은 공원 호숫가를 거닐며
꿈꾸는 눈길 머언 하늘가에 던지면서
호수 같은 목소리로 말하던 당신의 꿈은
푸른 하늘 떠가던 흰 구름처럼
저 멀리 양양한 바다를 누비는 흰 비늘.

광주로 서울로 파리로 달리는 동안
반백년 전 중학교 수학여행 때
추자도 근해에서 처음 가슴에 담은
앳된 꿈이 어느새 젓갈처럼 곰삭아
이 빠진 입술 사이로 감칠맛을 우려낸다.

"인생은 꿈이어야. 참말이제
부처님 손바닥 안의 한바탕 봄꿈이어야."

낙엽을 보면서…

시가 어디에서 왔는지
모른다고 했던 네루다의
한 편의 절망의 노래처럼
낙엽이 되어 낙엽을
어루만지네, 나는

낙엽을 보면서 3

낙엽을 보면서
고전을 읽고 참회록을 쓴다.

그리움은 절대 죄가 아니라며
흔들어대던 고갯짓에 나부끼던
머리카락 곱게 빗어 금실로 묶고
골방 책상에 앉아 은필로 적는다.

찬바람에 떨어져 흩어지는
허튼 낙서 같은 것들로
짙푸른 하늘 가린 죄,
헝클어진 죄의 뿌리를 두고
기적을 바라지 말자, 혁명도
꿈꾸지 말자, 이혼도…

반짝이는 유혹의 섬섬옥수
깨끗이 떨어버리고

동굴로 들어가는 웅녀처럼
사람 되자고, 간절한 염원의
뿌리를 가다듬는다.

낙엽을 보면서 4

낙엽 한 잎
떨어지네, 희끗한 내 머리 위로
낙엽 한 잎
떨어지네, 피곤한 내 발 아래로
낙엽 한 잎
떨어지네, 낮은 데로
임하신다고 했던 예수님의
한 방울 십자가 보혈처럼
떨어지네, 내 영혼…
서리바람과 잿빛구름이
싫었네, 내 영혼은
상처 난 짐승처럼 쉴 곳을 찾아
불 속을 헤매었네, 내 영혼은
시가 어디에서 왔는지
모른다고 했던 네루다의
한 편의 절망의 노래처럼
낙엽이 되어 낙엽을
어루만지네, 나는

떨어진 낙엽을 밟으며
올려보네, 청자빛 하늘
귀 기울이네, 조롱에서 놓여난
파랑새의 드맑은
노래 소리에.

낙엽을 보면서 5

푸른 번뇌 곱게 물들이는 것으로
다 된 줄 알았는데
황옥黃玉, 홍옥紅玉, 갈옥褐玉……
모두 다 떨궈 버리라고 하시네.

불변의 미옥美玉인 양 붙들고 있던
망상과 기어의 낙서 조각들,
허영과 교만과 자랑의 잎새들
우수수 우수수 떨쳐버리고

오기로 버티는 자존심의 잎새도
그만 놓아버리고
부질없는 기다림의 마지막 잎새마저도
가만히 내려놓아야 한다고
산신령님 연거푸 헛기침을 하시네.

거지 성자처럼
하늘 아래 부끄러운 알몸으로 떳떳하게

매정스런 바람의 회초리를 맞으며
깨달으라 하시네.

언젠가 이 까칠한 몸통마저 사라지면
하늘과 땅과 영원만이 남으리라는
진실의 아름다움을.

빗속의 분수

누가 열어 놓았을까
오래 억눌렸던 가슴
저 밑바닥의
진실을

운명의 발길질과
비난의 빗줄기에도
이대로 주저앉을 순 없다고
지친 몸 분연히 일으켜
물빛 열정의 노래 뽑아 올린다.

하늘에 닿을 수는 없지만
태양의 미소를 누릴 수는 있으리.
물안개 너머 무지개 언덕에
낙원의 꿈을 가꿀 수는 있으리.

절망의 빗물을 삼켜
토해내는 희망의 진주로

잿빛 허공 어루만져 닦아나가는
드맑은 벙어리 몸짓에
장대비 내리치는 아스팔트 위로
과수원의 싱그러운 잎새들이 자란다.

비

비는
내 가슴에 내리는 비는
교감이 끊긴 하늘에서 떨어지는
은
혜
로
운
꾸
지
람
눈물이 되어
아픈 깨달음의 노래가 되어
적막한 황야를 어루만진다.

하늘과 땅 사이가 너무 멀다고
피워내던 불평의 먹구름 같은 것
미풍에도 흩날리던 원망의 흙먼지 같은 것
자족과 감사의 샘을 뚫어 가라앉히면

샘물 위로 청명한 달이 뜨리라.

은총이 내린다.
영광의 하늘로부터
사막 같은 내 가슴속으로
돈오頓悟의 물방울이 점점이 떨어져 고인다.

겨울비를 맞으며

무너진 성터에서
이름 없는 이름을 불러봅니다.

흩어지는 낙엽 위로
떨어지는 겨울비를 맞으며
대지처럼 겸허하게 기다립니다.

뜬구름을 쫓다가
헛꿈 깬 벌거숭이
그렇게 왔다가 그렇게 가는 것을……

허무의 바람이 훑고 지나는
빈 들녘 위로
시의 불감증을 내려치는
시퍼런 죽비를 달게 맞으며
오직 한 말씀 간절히 기다립니다.

겨울나무

바람 찬 벌판에서
기공氣功 수련 중이다.

무성한 푸른 잎새
색색으로 물든 단풍
돌고 도는 인연 따라
해에게서 멀어지면 그뿐

낙엽처럼 떨어져 구르는
인생은 고단한 나그네길
못 견디게 불안한
고엽을 남김없이 떨궈버리고
죽으면 죽으리라

까칠한 피부에
발긋한 옹이 드러낸 채
지그시 내리 감은 눈 속에
떠오르는 참빛을 응시하며

법륜장법法輪樁法*을 익히고 있다.

불변의 아름다움을 살리기 위해
비릿한 목질의 기운을 비우며
벌판 끝에서 저무는 불꽃,
영원히 지지 않는
해처럼 둥근 기둥을 키우고 있다.

*법륜장법法輪樁法 : 法輪功(파룬궁)의 5장 공법 중 두 번째 공법으로서, 법륜을 안고 말뚝처럼 선 채로 오래 연마한다.

넝쿨장미

장미도 녹슨 철책에 기대어 운다.
천지간 먹구름 담장 넘어가려고
그래서 운다.

뻗어보고 뻗쳐보아도
아득한 하늘
궂은비만 내리고 내려 흐르고
오늘도 하루일 수십 가지
어쩌다 절반은 그르쳤는데

돌아보지 않으리.
세상사 다시는 돌아보지 않으리.
냉정한 가시로야 못 버릴 것 없으련만
피로 맺은 언약을 끝내 못 버리겠노라고

허공엔 비틀거리는 비
장미도 녹슨 철책에 기대어 운다.
천지간 먹구름에 달빛 가린
구슬픈 성모의 밤에.

비보호좌회전

에덴의 갈빗대 들이받고서도
아픈 줄을 모른다.

기사도도 신사도도 없는
동방예의지국 군자들의 대로상에서
좌회전 한 번 눈치 없이 했기로
미안하다 괜찮으냐는 인사 한 마디 없이
고함에 삿대질에 뜯어먹기에 덮어씌우기

어떻게 알았을까 벌떼가 꿀을 찾듯
돈을 찾아 모여드는 정비업소 청년들
알아서 해준다고 꼬박꼬박 돈 챙겨가던
보험회사 직원은 사사건건 전화질에
멀쩡한 택시 운전사는 입원을 했다는데

비보호좌회전에 으스러진
나는 아직 잔느*인가
신음소리 한 마디 내지 못하고

시리게 인정 없는 세상길 더듬거린다.

*모파상의 소설 『여자의 일생』의 주인공

놋대야

아무리 궁핍해도 기죽지 않았다.

음울한 새벽 쨍쨍한 할머니 음성
단정한 쪽머리에 꼿꼿한 매무새

임진왜란 때도 병자호란 때도
상부喪夫의 밤 서러움에
동록이 슬지언정 아양 떨지 않았다.

쇠락한 집 쓸쓸한 뒤 안에서
볏짚에 기와 갈아 닦고 또 닦을 뿐
값비싼 비단옷이나 기름진 고기
싸구려 유혹에 넘어가지 않았다.

어지러운 꿈 속 헤매다가
양변기 옆 세면대에 서니 문득
육이오 뒤 돌아가신 할머니
서슬 퍼런 음성이 나를 깨운다.

낙과를 사면서

떨어진 과일이라고 업신여기지 마세요.
누군들 피치 못할 운명을 거스를 수 있겠어요.
순하면 순할수록 쉽사리 떨어지나니
그 겉의 흉을 보려 말고 안의 살과 씨를 보세요.

그래보아도 집요한 장마에 물러지지 않았고
먹구름 속 희미한 햇빛 연연하며
소중한 씨알 여물리고 있었나니
그 실속 없는 완성을 사려 말고
알찬 생명의 과정을 높이 사세요.

역리의 바람에도 떨어질 줄 모르는
그런 과일이 씨 뿌리는 걸 보았나요?
작위로 재배한 씨 없는 수박처럼
모두가 팔려 가면 그 뿐
매몰찬 아귀에게 끌려가면 그 뿐,
허울 좋은 개살구에 침 흘리지 마세요.

시장에서 돌고 도는 돈에 팔려가느니보다

미친바람엔 차라리 뜻있게 떨어져
뭇사람의 마음밭에 깨달음의 씨앗 뿌리고 죽는
순진한 그 정신을 비싸게 사세요.

사과식초

한 알의 사과가 떨어져
썩지 못하면, 썩지 못하면……

땅 속에 갇힌 채 결코 썩지 않는
유리병이라든가 플라스틱
그 영원한 형벌을 떠올리고
썩어야지, 썩어야지 하면서
쓰린 가슴을 쓸어내린다.

그그제는 아버지가 속을 썩이더니
그제는 그이가 속을 썩이고
어제는 아이가 속을 썩이다가
오늘은 독 오른 내가 내 속을 썩인다.

해를 훔치고 땅에 떨어진 바에야
독 오르면 아무도 먹어주지 않는
나를 내가 썩힐 수밖에.
온전히 썩어 식구들 입맛 돋구는

식초라도 되어야 하느니.

투정을 부리다가 잠든 아이의
풀죽은 얼굴 위로
시디신 참회의 눈물을 떨군다.
아침이면 냉국처럼 싱싱하게 살아나라고.

사과잼 만들기

차마 버리지 못하는 생生을 산다. 허영의 스티로폼 용기와 가식의 비닐 랩에 휘감긴 채 대형할인매장 한 구석 위선의 불빛 아래 도열한 이브의 공범자들. 식품과 쓰레기, 천국과 지옥의 숨 막히는 갈림길에서 구원의 손길 기다리며 썩어가는 몸들의 하얀 속 훤히 들여다보이는 가능성, 변신을 꿈꾸는 그 무죄의 소망에 한 가닥 햇살이 되어.

피멍든 반생을 깨끗이 도려낸 후 얇은 천성의 껍질마저 벗기어 말씀의 생명수를 가득 붓는다. 설익은 목숨 푹푹 삶아 온전히 익을 때까지 집착할 형태조차 사라질 때까지 시작詩作의 냄비에 담아 번뇌의 불 활활 지펴 부글부글 속을 끓인다. 혈기 온전히 사라진 빈사의 생에 축복의 설탕 듬뿍 붓고 은혜의 레몬즙도 몇 방울 더하여 은은한 성령의 불길에 졸여 기적을 만든다.

기적의 신생을 유리병에 담아 밀봉한 다음 지상에

서 가장 아름다운 글씨로 쓴다, 복락원이라고. 쓰면서 기도하기를 잊지 않는다. 누군가 시의 입술을 가진 이에게 먹히어 부끄러운 이 목숨 다시는 윤회전생하지 않게 하소서. 빈 유리병만 남거든 죽어서 다시 사는 영원한 생명을 증명하게 하소서.

깨진 유리잔을 치우며

약에서 점 하나 빠지면 악이 되나니
약한 게 죄가 되더라.

가벼운 농담의 입술 부딪침에도
금속성의 파열음을 내지르며
깨지는 순수의 연약함

투명하고 넉넉한 그 웃음이 좋아
멋모르고 허물없이 다가서는 이의
손과 발과 가슴을 찌르는
유리잔 가까이에
아이들아, 함부로 다가서지 말아라.

포도주인지 피인지 닦아내며 경계하며
슬리퍼 신고 고무장갑 끼고 나서야
다시금 다가가서 조심조심
그 아픔의 조각들 치울 수 있었으니

전에는 몰랐어라.
술잔이 흉기 되는 줄을,
입술 찰랑찰랑 붉은 포도주
피처럼 엎질러진
사랑이 깨지기 전에는.

절망을 요리하다

태양도 얼어붙었나
꽁꽁 언 새해 노점 좌판 아래
내동댕이쳐진 궤짝 속 동태凍太들이
실명한 눈으로 하늘을 더듬고 있었다.

동해 푸른 물살을 유영하던
유선형 꿈들이 모나게 일그러진 채
낯선 거리 매몰찬 보도에서
굳은 침묵만 지키고 있었다.

아직 무슨 바람 남아있는지
칼바람에 탁탁 토막 쳐질 때에야
잠자코 얼음조각 털어내며 꿈틀대던
그녀의 가슴지느러미—

바다처럼 맑고 깊은 무장국 끓어넘치는
어느 집 수박한 냄비 속으로 뛰어들어
얼큰한 고춧물 뒤집어쓰고

얼어붙은 한 가슴이라도 녹일 수 있다면

가슴 깊이 숨어 흐르던 난류 굽이치며
희망의 손길 뻗쳐나갈 때
동태 봉지를 건네주는 어물전 여인의
엄동嚴冬이 배시시 풀리고 있었다.

베트남처녀

월남비단붕어가 파닥거린다.
물빛 탁한 저수지 흙바닥에서
눈물의 아오자이 무지개 서린
고운 온몸에 황토를 뒤범벅하며
필사의 몸부림을 친다.

"베트남 처녀와 결혼하세요!"
썩은 호수에 조선 붕어 다 달아났다고
플래카드 내걸어 끌어들일 땐
사탕발림 잘도 하더니

땅 설고 물 설은 이역만리
비정한 인간 낚시에 걸려
매 맞고 쫓겨난 길거리에서
그래도 살아보겠다고
필생의 몸부림을 친다.

식언食言

회식자리 밥상에서 식언을 떠올린다.
살기 위해 밥을 먹듯
더 잘 먹고 잘 살기 위해
약속을 저버리는 사람들을 떠올린다.

밀실과 광장과 회당에서
순진한 말들을 희롱하고 고문하여
기어이 쓰러뜨리고야 마는 아귀들

고통을 이겨내고 미식으로 거듭난 요리들이
말씀의 아픔과 죽음과 재생을 증언하며
말없는 말씀으로 먹으라 할 때

식언을 묵언으로 삼키며
진설된 말씀들의 희미한 잔향을 맛본다.

간벌間伐

버려야 할 것을 결연히
버릴 줄 아는 사람의 얼굴은
얼마나 밝게 빛나는가.

천혜의 동산에
욕심껏 심어 길러온
묵은 꿈들을 베어내고 있다.

푸른 비명을 삼키며
사랑으로 내어줄 목숨만 남기고
결국엔 버려야만 할 과욕을 치고 있다.

새로운 풀들과 묘목들을 위하여
햇빛과 바람 넘실거릴
영원한 숲을 위하여
지금은 결단해야 할 때

희생과 비움의 역설을 떠올리며
하얀 피를 흘리고 있다.

등나무열매

녹음 드리운 등나무 벤치에서
행복의 꼬투리를 찾는다.

얽히고설킨 인연의 줄기 끝에
꿈결로 핀 보랏빛 꽃송이들
초여름 광선에 시나브로 사그라지고
빈 가지마다 무성한 잎새들,

꿀벌들 잉잉대던 밀원蜜源이 끊기고
우리들의 밀다원蜜茶苑 시대가 끝나고
지금은 침침한 무덤 속,
홀로 메마른 벤치에 앉은
울울鬱鬱한 심사
침묵의 강 되어 흘러가는가.

가늠할 수 없는 수심이 두려워
눈을 질끈 감다가
서둘러 치켜 뜨면

빽빽한 녹음 사이 겹없이 매달린
작고 푸른 새 자루들,

텅 빈 듯 꽉 차 보이는
꽉 찬 듯 텅 비어 보이는
바라밀다波羅蜜多의 지혜주머니가
청사초롱처럼 아롱거렸다.

야생초 기르기

꽃이 아니어도 좋아
실뿌리로 한줌 흙 움켜쥐고
하늘 향해 발돋움하는
생생한 잎새들

민들레나 제비꽃처럼
유명하지 않아도 좋아
연잎꿩의다리라든가 구름국화라든가
꼭 그런 멋진 이름이 아니어도 좋아

모두가 싱그러운 모습들인데
애기똥풀이나 개별초같이
초라한 이름이면 어때
이름 같은 것쯤 아무러면 어때

햇빛에 미소짓는 진실함으로
달빛에 눈짓하는 다정함으로
별빛에 눈물짓는 순수함으로

파릇파릇 여릿여릿 반짝반짝
그렇게 살아가는 들풀들인데…

수련화를 기다리며

목련꽃 진자리에
수련의 녹음이 짙어간다.

오탁의 세월은
흡혈의 곤충들 떼로 날아도
그리는 건 언제나 드맑은 하늘
잠긴 목 가다듬어
푸르고 둥근 소리 밀어 올린다.

푸르름은 외로움
원형의 회전은 즐거움
소금쟁이 외바퀴 굴리듯
긴장하는 존재의 표면장력으로
생의 늪지대를 건넌다.

탁한 세상 거울연못
까만 잠 속의 하얀 꿈
꽃으로 솟을 그날을 위해
마음의 진주 가꾸며 산다.

IV

빨래 개키기…

이슬이 내리기 전에
걷어서 개켜야 하는 빨래처럼
인생의 황혼에는 돌아와야 하는
내 시혼詩魂의 날개를 접어
생활의 서랍에 차곡차곡 넣는다.

빨래 개키기

황혼이면 돌아오듯이…

햇살 비낀 창가에 앉아
빨래를 개키면서
선녀의 날개옷을 생각한다.

베란다 빨랫줄에서 너울거리던
청바지 다홍치마 하얀 블라우스
형형색색의 날개들을 걷어 접는다.

어느 하늘에 살고 싶어
펄럭이던 날개이기에
이다지도 빛바래고 구겨졌을까.

헝클어진 사념의 날개를 접듯이
흐트러진 식구들의 옷가지를 개키면서
날개옷 입고 떠난 선녀를 생각한다.

마른 빨래처럼
메마른 일상의 연속

이슬이 내리기 전에
걷어서 개켜야 하는 빨래처럼
인생의 황혼에는 돌아와야 하는
내 시혼詩魂의 날개를 접어
생활의 서랍에 차곡차곡 넣는다.

늙은 호박 생각

묵은 신문지 더미를 묶다가 문득
다용도실 선반에 올려놓은
늙은 호박을 생각한다.

평생 무심한 하늘같던
아버지 그늘 밑
텃밭만 일군 어머니
무던한 살갗을 생각한다.

말하지 않아도
내색하지 않아도
그 안에 뭐가 들어있는 것쯤
훤히 알 나이 되었는데도
왜 그렇게 살았느냐고
왜 그렇게 사느냐고
당신 삶 덩굴째 흔들어대는 딸에게
어머니는 또 순순히 고개만 끄덕이다가
말없이 텃밭으로 향하곤 하셨지.

내 못난 탓이지 누굴 원망하겠느냐고
이만치 살아온 것도 다 네 아버지 덕분이라고
단단히 여민 속 쇠술로 후벼 파는 딸에게
옹골진 그 가슴 살포시 열어 비춰주셨지.

저무는 가을 황량한 밭둑 끝자락에
서성이는 내 가슴 가득히
묵직한 호박 한 덩이 안겨주며
마른 호박잎 같은 손을 흔들어주셨지.

추석에

삶이 무엇인지
내가 누구인지 몰라도
당신을 바라보면 마냥 행복합니다.

무너지고 무너져도
더 이상 무너질 수 없는 곳에
쌓고 쌓아도
결코 다 쌓을 수 없는 것
홀로 가지신
어머니,

텅 빈 가슴
사랑의 소로 가득 채우시고
입술 곱게 여며 띄우시던
그윽한 달빛의 미소

하늘 한가운데 둥실 떠올라
남루한 가슴 푸지게 채워줍니다.

성묘 가는 길

쉽게 갈 수 있는 길이 아니었다.
곧 간다고 해놓고도
세상일에 밀리고 막혀
돌고 돌아 겨우 찾아간 길,
그리 먼 곳도 아니었는데……

원망을 청산하고 감사로 돌아서며
가볍게 오르는 산길에
시든 풀잎 위로 갓 피어난
들꽃이 두둥실 달처럼 환했다.

무수한 말을 생략한 채
고개 들어 허공만 바라보시던
아버지의 눈빛과
어머니의 미소……

들꽃에 눈 맞추고
그 식물 뿌리째 뽑아
불효녀 울먹이는 가슴에 심었다.

흰나비

이제야 탈상했나 보다. 어머니 돌아가신 지 십일 년, 가슴 한켠에 늘 꽂혀있던 상장 리본이 불효녀 애벌레 상심의 껍질 벗고 훨훨 날아간다.

인생이란 다 그런 거래요. 누구나 자식 낳고 키워 보면 알지요. 자식 노릇도 부모 노릇만큼 뜻대로 안 된다는 걸. 골방에 엎드려 기도하고 서재에 앉아 연구해도 아무 소용없어요. 탈피에 탈각을 거듭해도 끝없이 모자란 인생, 언제나 애벌레 허물벗기인걸요. 그런 자애의 눈길이 있어 어머니는 지금쯤 천국의 나비부인 되셨을 테지요. 입관할 때 입으셨던 흰옷 입으시고 천국의 꽃밭에서 노니시겠지요. 다른 건 몰라도 사랑만은 참 많으셨던 그 눈빛 그대로 말예요.

저는 그만 맘 편히 노닐렵니다. 어머니 품속 같은 바다 속 같은 뒷동산 열무밭 위로, 어머니 무덤가 찔레꽃무리 둘레로, 상하기 쉬운 인생은 나그네길 소금밭 같은 망초꽃 아래로 사방팔방 공기처럼 그렇게 떠돌다 가렵니다. 어머니도 이제는 마음 놓고 청산 천국 훨훨 날아가세요.

김상

하늘빛 받아 밴
일용할 양식을 땅에 묻네.

지렁이 울음마저 얼어붙는
엄동 전에 서둘러 마무리해야 한다며
시들은 청춘의 겉잎 훌훌 떼어내고
노란 중년의 속대 알찬 생애를 쪼개어
순명의 천일염 좍좍 뿌리시던
어머니,

밤새 몇 차례나 뒤척였을까
남루한 인생의 잔주름 사이사이 스미는
짭짤한 생활의 노고에
빳빳한 삭신 쓰라려 숨죽이며
몇 번이나 깨어 뒤척이다가
차디찬 샘물에 쓰린 몸 헹구셨을까.

까치 우짖는 아침이면 어느새 마당 가득

대광주리마다 차곡차곡 얼간이 배추들 마냥
편안한 통바지 차림의 동네 여인들
오래 삭힌 멸치젓국 끓이는 냄새
끈적한 찹쌀풀 쑤는 열기와
생새우와 청각채에 묻어온 파도의 속삭임
무의 바람기와 당근의 수줍음과 쪽파와 갓의 눈물
다독이기도 좋게 가늘게 채 써는 소리……

달빛 받고 자라난 마늘 생강 흰 가슴
햇빛 먹고 자란 태양초 붉은 피에
별빛 닮은 갓은 양념 뒤섞어
얼간된 삶의 자락자락 들추어 버무리면
후끈후끈 동백꽃 피어나는 김장마당 한 귀퉁이
꽃보다 붉은 사랑 꼭꼭 눌러 담은
땅 속 항아리 뚜껑 위로
은혜로운 서설이 내려 쌓이네.

괘종시계

죽은 시간이 살아 있다.

오래 전 육중한 목관 속으로
돌아가신 아버지의 삶이
거실 벽에 달린 채
오늘도 여전히 계속 되고 있다.

그때도 비가 오고 바람 불고
눈이 내리고 태양은 뜨거웠겠지
웃음과 울음과 침묵과 한숨 속으로
강물은 쉼 없이 흘러가고,
간간이 들리던 포성과 굉음……

지축이 흔들려 갈피를 잃는대도
우리들을 위하여
질경이처럼 악착같이 대지를 일구던
진실로 미더운 그 손길 그 몸짓

바위 같은 아버지의 약속이
깃털 같은 우리들의 시간을
지그시 눌러 다독이고 있다.

무덤 저 너머에서 울려나오는 그 음성이
일상의 먼지에 숨죽인 의식을 일깨우고
무상과 권태에 찌든
우리들 덧없는 사랑의 때를 벗기며
영원을 향해
은빛 갈기를 휘날려 내달리고 있다.

빈 둥지의 노래

나의 주거지는
라인 아파트 12층
지상의 꼭대기
천상의 밑바닥
날개 같은 거
날개의 전설 같은 거
잊은 지 오래지만

겨울나무 줄기 끝
백척간두 흔들릴 때나
새끼들 어린 겨드랑이
가려워 울적마다
조금씩 꺼내 팔아서
사라진 지 오래이지만

오늘처럼 소복이 눈이 내리면
축복이 햇솜처럼 내려쌓이면
날개 없는 선녀의 빈 둥지에

아늑한 꿈자리 이불을 펴고
아득한 하늘나라 성좌에 오릅니다
별은 문창성文昌星, 꿈에 취하여
잃어버린 전설을 찾아갑니다.

욕실청소

욕실을 청소합니다.
천연의 빛과 바람 통하지 않는
한 평 남짓, 매끈한 타일과
인조대리석으로 사방이 가로막힌
아집을 씻어냅니다.

하얗게 부서지는 물줄기로
자꾸만 씻어 내리는
결벽증의 알몸에도 끊임없이 피어나는
독선의 곰팡이와 위선의 물때,
그 퀴퀴한 냄새가 싫어

감실龕室* 불빛 같은 백열전구 켜고
합장한 손 펼친 크기의 환풍기 틀어놓은 채
소독비누 풀어서 거친 수세미로
원죄까지 문질러 씻을 수가 있을까요?

내 안에 항시 흐르는 은총 같은

전류를 끌어와 선풍기 바람을 쏘이면
욕실은 어느새 하늘 담은 유리창
마음까지 맑아지는 성소聖所인 듯합니다.

*(가톨릭교) 성당 안 제대祭臺 위에 성체를 모셔두는 장

머리를 감기면서

비가 되어
사랑의 단비가 되어
아픈 딸아이의 머리를 감긴다.

가문 땅
메마른 들풀 같은
딸아이의 머리를 감기면
초록으로 살아나는 내 영혼

풀색 짙은 창포菖蒲
싱그러운 향기가
온 누리에 퍼졌으면……

잠든 뿌리에 물을 붓고
진밀한 손길로 구석구석
고루고루 일으키는 비누거품으로
끈적한 죄의 습성을 씻어내고

푸른 하늘 푸르게만 바라보는
맑은 본성 일깨우며
내가 나를 감기는
참회의 시간

그윽한 창포 향기가
욕실 가득 차올라 온다.

파단

검은 트럭 가득 파단이 실려 간다.

황토잠 덜 깬 뿌리에 하얀 셔츠
이슬 맺힌 푸른 머리 빗어 묶고
가지런히 등교하는 여고생들처럼
이른 아침 안개 헤치고
여치 울음향내 풀풀 날리며 달려간다.

파김치가 되어도 좋으리,
햇빛 알갱이 밥알처럼 퍼지는 세상
신명 다해 살아갈 수 있다면
빛의 세상 위하여
파김치 되어 사는 사람
목숨 바쳐 사랑할 수 있다면.

농부의 꿈을 먹고 단잠 자다가
상인의 조롱에 실려 가는 파랑새야,
어디로 가서 무엇이 되더라도
아침 싱그러운 네 향기 잊지 말아라.

코코아우유

긴 하루 끊일 듯 이어지는
초침 깜박이는 디지털시계 아래서
뜨거운 코코아우유를 만든다.

딸아이의 앞길처럼 하얀 우유에
고엽으로 바스러지는 엄마의 추억처럼
진한 갈색 코코아를 부어 저으면
수험생의 눈꺼풀에 쏟아지는 졸음에
서서히 풀어지는 내 무거운 시름…

관절염 앓는 일상의 터널 끝에서
사막의 밤 어둠의 무게에도 짓눌리지 않는
쌍봉낙타의 털빛 담요를 펼친다.

붕어빵인생

눈발 날리는 거리를 홀로 걷다가
낡은 지폐 한 장 꺼내어 붕어빵을 사려는데
아이들이 몰려와 철옹성처럼 에워싼다.

꼭 이렇게 동무들과 어울려
천방지축 뛰어놀던 어린 날이 있었지.
엄마선생님 에워싸고 눈빛 반짝이던
그런 날들이 있었지.

지금은 어쩌다가 이렇게
뜨거운 철판의 일상에 갇혀
뱅뱅 돌다가 뒤집히면서 구워지는가.

뜨거운 꼬리를 베어 물고
허기를 달래려니
메마른 가슴이 슬픔으로 차오르며
오래 잊었던 연못 속의 금붕어
싱싱한 비늘이 추억처럼 반짝거린다.

연필 깎는 아이들

고사리 손으로 연필을 깎는다.
이리 튀고 저리 흩어지는
연필의 살과 심에
천방지축 뛰어놀고픈 동심을 담고

왠지 모르지만 그동안 답답했다고
어쩐지 어지럽고 아프기만 했다고
오랜만에 가슴 펴고 머리를 곧추세우며
당당하고 야무지게 할 말을 한다.

표현 못하는 어린애라고
너무 그렇게 함부로 대하지 마세요.
우리 살 이렇게 움패는 줄 모르고
우리 마음 이렇게 상하는 줄도 모른 채
매끈한 겉모습에 취해서
연필깎이 톱니바퀴에 숨 막히게 조여 놓고
인정사정없이 그렇게 휘돌리지 마세요.

손으로 깎아보니 이제야 알겠어요.

연필이 얼마나 소중한지를.
연필 깎기와 샤프펜슬에 길들여진
우리가 얼마나 힘들었는지.

연필 같은 아이들이
아이들 같은 연필을 깎아 들고
한 줄 한 줄 공책을 채워나간다.

야외수업

죽은 듯이 누웠던 검은 글자들이
형형색색 물체들로 살아 일어나
춤추고 노래하고 재잘거린다.

나무들은 초록 머리카락 흩날리며
바람과 속살거리고
꽃들은 어여쁜 눈빛으로 햇빛과 입맞추고
은행 알, 사과 알, 모과 덩치……

불쑥불쑥 나타나 말없는 가르침을 전하고
새들은 마음껏 하늘을 날고
물결 이는 호수에는 비단잉어 떼……

과자 부스러기를 호수에 던지며
난간에 매달린 아이들 옷깃엔
장난꾸러기 바람과 다정한 햇빛……

햇살 가득한 초여름 한낮 공원에는

아이들 웃음의 조각배가
파닥이는 물고기 떼를 싣고
곧바로 꿈의 바다를 향해한다.

완두콩 까기

중년의 부부는 벌어진 완두콩 꼬투리인가.

아이들 빠져나가 텅 빈 집 거실에서
그이는 신문지 펼쳐 든 채 소파에 누워 조는데
나는 신문지 깔아놓고 한 자루의 완두콩을 깐다.

엄지와 검지 사이 비틀린 꼬투리 속에는
알알이 들어박힌 녹색 에메랄드
행여 잃을세라
조심스레 소쿠리에 털어 담으며
위태로운 시간의 강을 건너면
신문지에 수북이 쌓이는 빈껍데기

맞붙어 품은 완두 제법 여물어
털어낸 자리에 어색한 침묵이 흘러도
끝내 떼지 못하는 인연의 꼬투리 끄트머리로
살진 콩벌레 한 마리 기어오른다.

초록물 밴 손톱 끝 어디선가 뭉클
벌레처럼 징그러운 삶이 만져진다.

틀니

밤마다 그이는 틀니를 빼내어
물 담긴 컵에 담가 놓는다.
일기장을 감추는 어린아이처럼
골방 깊숙이 몰래 숨겨 놓는다.

수경 재배하는 음지식물처럼
의치도 이러면 뿌리가 뻗을까.
형광등 불빛에 반짝 빛을 내면서
우연히 눈에 띈 그이의
잃어버린 푸르른 날들.

제 탓이요 제 탓이요
산돌 같은 저의 큰 탓이옵니다.

가슴 먹먹하게 두드리며
그 빛나는 상실을 바라보고 섰는데
환영처럼 불쑥 그이가 나타났다.

쓸쓸한 생의 비탈에서
쓴 소주에 갈증을 축인 그이가
피멍처럼 검붉은 얼굴을 하고
이 빠진 칼처럼 히죽 웃는다.

링거 맞는 소나무

이대로 쓰러질 순 없다.
부귀장생의 꿈을 버려둔 채
이대로 말라 죽을 수는 없다.

화강암에도 뿌리 내려 천년을 푸르던 기상이 부잣집 정원에서 시들어가다니 그럴 수는 없다고, 소나무 큰 키를 곧추세운 채 링거를 꽂고 서 있다. 푸르죽죽 겁에 질린 얼굴이지만 손목에 링거를 꽂은 채 반듯하게 누운 그녀는 정원의 소나무를 닮았다.

적송껍질 같은 입술 사이로
새는 신음은 세상살이의 험산준령에
검질긴 생의 뿌리를 깊게 내리는 소리.

그래, 뿌리. 언제나 약한 믿음의 뿌리, 불신의 뿌리가 문제였다고. 죽어서도 다시 사는 관솔뿌리처럼 무거운 침묵에 휩싸인 그녀, 소나무 줄기에 매달린 링거액이 얼어붙어 있다. 사업하듯 외도한 그녀 남편의 눈빛처럼.

신차경고문

새로 뽑은 자동차가 쌩쌩 잘 나간다고
너무 그렇게 다급하게 속도를 내지 말아라
인생득의수진환人生得意須盡歡이라는
시선詩仙의 시구詩句만 믿고
까만 아스팔트에 찰싹 달라붙어 가볍게
미끄러지는 애무의 시간 영원인 줄 알았다간
유정천리 병든 몸에 신음만 괴롭거나
아스팔트 배 위에서 극락 구경 하느니라.
아름다운 이 순간을 길이길이 누리려면
도자기 지고 사막을 건너는 낙타처럼
겸손하고 다소곳이 느긋하고 신중하게
잘 나갈수록 천천히 조심조심 사알사알
고물차 몰던 때의 고생을 잊지 말고
정속을 기본으로 가끔은 변속도 구가하면서
모쪼록 자중자애自重自愛, 무리 없이 즐겨야 하느니라.

가을꽃꽂이

내 마음
빈 수반에
꽃을 꽂는다.

억새와 노박덩굴과
화초고추와
국화와……

어느 먼 들을 떠돌다
돌아온 넋이기에
이다지도 아름다운가.

내 가난한 시간을 채우는
정결한 노래여,

하느님 앞에
황홀히 사위어가는
내 꿈의 갸륵한 결실이여.

가을별

가을 밤 앞산
서늘한 이마에 뜬 수심
골짜기 풀숲 귀뚜리
가여워 가여워
하늘 공책에 시 끄적이다 말고
가만히 굽어보는 눈길
소리의 파문에 흔들리며
눈물 그렁그렁
내려갈까 말까
망설이면서 밤을 지새우네.

먹을 갈면서

모난 먹을 움켜쥐고
먼 길 돌던 나그네

천지를 돌아봐도
머물 곳 없어

돌아와
오두막에 등불 밝히면

동심원을 그리며
은은히 퍼지는 불빛

동심원을 지우며
현현히 스미는 묵향

수심 깊은 강물에
보름달이 잠겨 흐르네.

일몰

불판에 쇠고기를 굽는다. 이글거리는 숯불에 달궈진 무쇠판 위에서 지글거리는 핏빛 살덩이를 바라본다. 주리틀리고 담금질당하는 조선조 사육신의 피땀처럼 검붉은 육즙이 배어나온다. 고기를 뒤집을 적마다 선명한 갈퀴 채찍 자국이 속을 뒤집는다. 한우촌 창문 너머로 설핏 해가 기운다. 해 질 무렵 촛불을 들고 광장으로 달려간 그는 어떻게 되었을까. 바슐라르의 촛불이 광장 한가운데서 중얼거릴 때 왈칵 바다가 휘몰려오겠지. 그의 숫슈 소리는 광포한 바다 속으로 사라지고 어둠의 깃발만이 연기처럼 나부끼리라.

미친 소. 자신도 못 살리는 자가 누구를 살리겠느냐고. 태양을 삼킨 바다가 예까지 밀려와 바싹 탄 꽃등심을 잘게 가위질한다. 애먼 희생물을 실컷 단죄하고는 물휴지에 손을 닦는 사람, 연거푸 쓰러지는 소에게 손가락질하며 끝장을 외치는 무리. 군중의 파도가 쥐떼처럼 찍찍거리며 소의 심장을 파먹는다. 한없는 내리막길을 걷고 있는 우직한 생애의 마른 입술을

복분자주로 적시며 지중해의 태양이 죽음으로 타오른다. 흩어지는 새털구름을 꽃빛으로 물들이며, 엉긴 피가 눌러 붙은 불판 위로 시나브로 어둠이 내려 쌓인다.

저무는 해의 발끝을 따라 바다 깊숙이 빠져들고 싶었다. 플라스틱 바다, 엷게 떠다니는 스티로폼 조각들 너머로 뭉클 침잠하는 석양, 그 뜨거운 부름에 응답하고 싶었다. 닿을 수 없는 절망의 심연, 누구도 건져줄 수 없는 고독의 밑바닥에서 희망은 잉태되는가. 촛불을 켠다. 별들도 파도에 휩쓸려간 밤, 사제처럼 핏기 가신 살점을 나누며 잔마다 술을 따르던 기억을 반추하며, 시를 쓴다. 떨리는 손으로, 자꾸만 가물거리는 불꽃을 가다듬어 내가 나를 태워 바친다. 천리 밖 흔들리는 어둠 속에서 되살아난 황소가 뚜벅뚜벅 걸어 나온다.

□ 영어 번역시

사과 깎는 법

사과꽃 피고 지는 늦은 봄날 아침에
나는 딸아이와 나란히 원탁에 앉았다.

세월이 갉아먹은 흠집투성이 식탁에서
나는 딸에게
사과 깎는 법을 가르친다.

인생의 환상이 아니라
실체를 보는 법을 가르친다.

무딘 칼날로는 화사한 껍질을
뚫고 들어갈 수 없다.
잘 드는 칼이라도 시작할 때는
반드시 날을 곧추세워야 하느니라.

서투른 칼질에도 재미 붙인 딸아이가
껍질을 돌려 깎다가

가녀린 손가락을 베었다.

사과나무 같이 싱싱한 딸아이 손가락에
탐스러운 홍옥이 열리고
안쓰러워하는 나의 눈에서는
사과꽃이 눈물처럼 떨어진다.

내 순결을 떨어뜨려
너를 열매 맺는 아픔을 아느냐.

사과 속살 맛 사근거리듯
너와 내가 나란히 앉아 이야기를 나누는
인생의 참맛을 보려면
피 흘리는 손가락쯤은 붕대로 감아 매고
씨앗은 남겨 두어야 하느니라.

사과꽃 피고 지는 늦은 봄날 아침에
나는 딸에게서
사과 깎는 법을 배운다.

아깝더라도 벗겨내야 하는
처녀막 같은 환상의 껍질,
그 껍질이 깎이는 아픔을 배운다.

How to peel an apple

번역 · 지창영

On a late spring morning with apple blossoms putting forth and falling,
I am sitting with my daughter side by side at a round table.

There having traces of times with a lot of scratches,
I'm teaching how to peel an apple
to my daughter.

Not to see her illusionary life
but to try to realize its reality to face.

"A dull blade never cut in its tender skin,
from at the first cut, therefore,
even with a sharp one,
you have to hold the blade down straight."

My poor daughter, with interest in cutting
cutting a big apple around,
was cut in her slender finger.

From her fresh finger, like an apple tree,
a sweety ruby was dangling
and feeling a good sorry, from my eyes,
apple flowers are falling down.

'Do you, my daughter see the pain
of letting my purity go down to bear a graceful fruit of you?'

If you want to get a real taste of life
that chatting together keeping close
as the sweety flesh of an apple is crisp,
it's better to bandage the bleeding finger
and leave the seeds.

On a late spring morning
with apple blossoms putting forth and falling,
I learn how to peel an apple from my daughter.

The illusory wall like the hymen of a virgin,
I'm taught with the pain of its being peeled
even though it is too precious to be peeled out.

잔盞

어디에 놓이건
흔들림 없이 단아한 모습,
마음을 언제나 열어 두기로 했다.

가끔씩 찾아오는 이
뜨거운 가슴 향맑은 숨결
말없이 받아주거나
시린 손 데워주면서
때로는
옆 잔의 침묵에 공명共鳴하면서,

빈 마음자리
선풍仙風에 젖어 살기로 했다.

먼 산 가을
저녁놀……
진달래 꽃빛으로 스러질 때
까닭 모를 눈물 차오를지라도

욕된 삶은
죽어도 아니 살기로 했다.

A Cup

번역 · 지창영

Wherever it is,
with an elegant figure without stirring
I'll be there always in an open mind.

A stranger coming once a while
his passionate hearts and fragrant breaths
welcoming with no question
or getting his cold hands warm
and sometimes sympathizing
with his silence aside.

Where my heart is empty
I'll live in drowned in the calm wind.

Autumn coming from a distant mountain
the glow of sunset……
when it disappears into the shiny leaves of the

azalea,

though my eyes with a lot of tears with no reason,

any shameful life,

I will not live, even if it should cost me my life.

□ 해설

첼로의 遍歷과 和音

黃松文

詩人·선문대 명예교수

1. 하늘

가스통 바슐라르는 『촛불의 미학』에서 "불꽃의 몽상가는 모두가 잠재적인 시인"이라고 하면서 "불꽃의 응시는 원초적 몽상을 영속시킨다."고 했다.

그는 또 "사람들은 몽상 속에서 자신을 잃는다."거나 "작은 빛에 대한 몽상은 우리들을 친밀함의 오막살이로 끌고 갈 것이다."라고 갈파했다.

여기에서 말하는 "친밀함의 오막살이"는 임미옥 시인의 경우, 그가 줄기차게 추구하는 願望空間이라 할 수 있다. 그의 원망공간은 하늘인 동시에 땅이 된다.

그가 지키고자 하는 현주소는 땅이지만, 그가 이르고자 하는 원망공간은 하늘이다. 하늘도 보통 하늘이 아니라 무지개가 떠있는 絶對至美의 원망공간으로서의 하늘이다.

무지개의 현실은 인간으로서 함께 공존할 수 없는 세계를 말한다. 무지개를 잡으려고 그 자리에 이르게 되면 무지개는 그 자리에 없듯이, 완전무결한 이상세계는 현실적으로 존재할 수 없다.

美學的으로 완벽하면서 윤리적으로 온전한 그런 대상은 이 지상에 존재할 수 없다. 그것이 인간에게 있어서 한계상황으로 주어진 숙명과도 같은 성질의 것이기 때문이다.

그런데 임미옥 시인은 그러한 절대존재를 현실적으로 갈구한다. 그는 첼로의 네 음을 모두 낼 줄 아는 절대존재를 원한다.

그가 원하는 대로 至美至善의 존재인 동시에 생활의 무게를 짊어지고 걸어가는 나귀와도 같은 사람이 이 지상에 존재하기나 할까?

그의 수필 「첼로」 가운데 네 현에 관한 내용을 추출해 보면 다음과 같은 구절을 볼 수 있다.

현마다 각기 다른 남성의 무게가 느껴진다. D현을 켜면 일상의 의무를 이행하는 성실한 생활인의 모습이 떠오른다. … 그러나 그 위로 올라가면 가장 높은 음역을 지닌 A현, 거기에서는 그 현실의 중압에 짓눌려 피로해지고 흐트러진 음성을 듣게 된다. … G현은 연애하는 남자의 눈빛이다. 꿈결처럼 아늑한 정서가 현을 긋는 활을 통해 가슴으로 밀려든다. … 마시박 C현에 이르면 마침내 선이 굵은 남자의 고독한 울음 같은 영혼의 깊은 울림을 듣게 된다. … 이 현을 그으면 방탕한 예전의 생활을 버리고 하느님의 사랑 안에서 통곡하는 성자의 모습이 보이는 듯하다. … 첼로의 C현은 지성과 감성을 갖춘 남성을 비로소 인간으로 완성시켜주는 영혼의 고백과도 같다. … 절대존재에 대한 동경과 찬미의 몸짓인 음악을 사랑에 비교할 때가 있다. 바이올린은 여성의 나르시시즘, 피아노는 남녀 간의 더할 나위 없이 조화로운 사랑, 그리고 첼로는 이상의 남성에 대한 그리움의 승화라고나 할까. … 고뇌할 줄 모르고 건들거리는 현실주의자가 아니라 진정한 사랑과 이상을 아는 사람, 머리와 가슴에 현실을 사랑하고 이상을 꿈꾸는 차고 뜨거움이 있으면서 그 혼이 살아 움직이는 남자. 그 남자는 첼로의 네 현의 음을 모두 낼 줄 아는 사람이다. 담담한가 하면 격정적이고, 비틀거리는가 싶으면 굳세게 일어선다. 속된 세계에 살면서도 경건을 추구하고 비판정신과 사랑을 동시에 지녔다.

첼로가 놓인 자리는 지상이지만, 그 음향은 천상으로 향한다. 꽃으로 솟고자 하는 그의 願望空間은 向陽性을 지니고 있기 때문이다.

파란 하늘 엿보이는
까만 커튼 앞에서
빨간 원피스의 여인이
황갈색 첼로를 켠다.

지느러미 흐느적흐느적
바다 속 인어가 되고픈지
열정을 다하여 켜는 목숨 줄에서

실개울이 열리고
강물이 흐르고
강물에는
슬픈
욕망의
불빛
흔들리는데

우울한 일요일,
고요히 흐르는 도나우 강물처럼
삶과 예술의 양안을 껴안고
온종일 첼로를 켜노라면
까만 강물 커튼 너머 열리는
파아란 하늘 저 멀리
그리운 음성 여울져온다.

–「첼로를 켜는 여인」전문 –

여기서 주목되는 점은 '파란 하늘'과 '까만 커튼' '빨간 원피스' '황갈색 첼로' 이외에도 '목숨줄'과 '삶과 예술의 양안'이다.

파란 하늘은 열린 종교 내지는 신앙과 관련된 방향성을 의미한다면, '까만 커튼'은 닫힌 현실 세계를 의미한다. 그리고 '빨간 원피스의 여인'은 정열을 다하여 돌파하려는 희열의지를 의미한다.

그것은 '목숨 줄'이 암시하는 바와 같이 '삶과 예술' 사이에서의 치열성으로 나타난다.

눈물
어리게
투명한
날이면
첼로를
켠다

태양을 삼키고 침묵하는
오래된 나무 아래 비스듬히 누워
신의 藏書를 읽고 있는 그의 머리카락에
이마와 눈썹, 콧날과 입술, 그리고 턱과 목
어깨와 가슴, 팔과 다리, 손끝 발끝에까지
순전한 향유 부어 보드라운 융으로 닦으면
다갈색 눈부신 나신 드러내며 한 걸음 다가오고
꿈꾸는 네 줄 현 팽팽히 당겨 조율하면
산맥처럼 불끈 솟구쳐 뛰는 혈관

꿈 잃고 떠돌던 허무의 활대 방황의 나래 접고 스미듯 다가앉아 힘찬 혈맥을 타면

핏빛으로 핏빛으로 떨리어 울리는
원융무애, 내 마음의 심연에 끝없이 여울져오는
낮은음자리표의 간절한 기도에 천지를 휘감아돌며 화답하는
창공의 메아리, 마음과 목숨과 뜻을 다한 사랑은 아름답
거니 진실로 아름답거니 죽는 날까지 그 사랑 우러르는
해바라기, 달맞이꽃, 별똥지기의 눈빛 만발한 세상은 향기로
우리 참으로 향기로우리 강하기에 질풍 맞아 비틀거리고 쓰러
지면서도 끝내는 신의 햇볕에 고색창연한 色으로 물드는 가을
산야 그 넉넉한 품과 든든한 어깨에 기대어 안겨 잠든 달빛에
이슬 내리는 밤 커피향내 진하게 밴 골방에서 밤을 새운 눈물의
기도로 불붙인 맑은 등불 들고 걸어가는 사람의 옷자락은
낡을수록 고귀한 뜻 품었으니 世世生生 영원무궁토록
변함없이 울리리 新生의 울림
끝없이 펼치리
再生의
선
율
|
|
|

- 「첼로」 전문 -

이 시는 미래파 시인들이 시도했던 것처럼 과거의 詩形을 떠나서 회화적으로 표현했다. 첼로의 형태를 이루고 있는 언어 가운데 특별한 관심이 가는 낱말을 추출해 보면 그의 내면의식이 적나라하게 나타난다. 그것은 다음과 같다.

신(神) 눈물 투명 태양 침묵 눈썹 입술 가슴 손끝 발끝 향유 나신 조율 혈관 허무 방황 혈맥 핏빛 심연 기도 천지 창공 목숨 사랑 향기 질풍 햇볕 이슬 커피 골방 등불 영원 무궁 新生 再生 선율 메아리 해바라기 달맞이꽃 별똥지기.

위의 낱말을 몇 가지로 나눠보면 다음과 같다.

身 – 눈썹 입술 가슴 손끝 발끝 나신 혈관 혈맥 목숨 / 生 – 해바라기 달맞이꽃 新生 再生 / 物 – 별똥지기 이슬 커피 골방 / 心 – 허무 방황 사랑 / 聲 – 메아리 선율 / 陽 – 태양 햇볕 / 意 – 新生 再生 / 色 – 투명 핏빛 / 形 – 심연 천지 / 動 – 조율 질풍 / 情 – 눈물 / 香 – 향기

이 시는 '눈물'과 '첼로'로 시작하여 '재생의 선율'로 끝난다. 그리고 중간에는 몸에 해당되는 '태양'이나 목숨, 혈관, 혈맥, 사랑, 태양, 핏빛, 기도 등이 긍정적인 치열성을 보이고 있다. 여기에서 몸(身)이 가장 많이 나오는 까닭이 어디에 있을까? 이상세계에 관심하면서도 현실 세계에서 뿌리를 내리고자 하는 원망공간에 기대를 걸고 있다는 증좌라 하겠다. 여기에는 일종의 나르시시즘의 요소도 약간은 포함되어 있다는 점도 지

나칠 수 없다.

눈보라 속을 떠도네.
지상의 안식처를 찾지 못하고
허공에서 부유하는
눈꽃들처럼

하늘은 아슴한데
대지는 황량하고
바람이 그를 놓아주지 않아
날개가 아픈 영혼들

- 「눈보라 속에서」중 앞부분 -

선녀의 날개를 꿈꾸는 그가 '날개의 아픔'을 토로한다. '날개의 아픔'은 이상의 구겨짐을 의미한다. 그것은 '추락의 두려움'과 '안식의 갈망' 사이를 떠도는 새의 아우성인 동시에 엄숙한 미사를 봉헌하는 눈꽃들의 순례, 그것은 신앙인의 몸짓이다. 미사 때 머리에 두른 미사보는 눈꽃으로 유추되고, '날개'와 '눈꽃' 사이에는 천상과 지상, 성스러움과 속됨 사이의 갈등과 순화가 동일 시공에서 자리를 함께한다.

하늘을 보면
어디로든 끝없이 가고 싶다.

엄마 아빠 손잡고 나들이 나온
아이처럼 천진하게 노닐고 싶다.

잔물결 짓는 호면 위로 맴도는 잠자리처럼
클로버 꽃밭에서 잉잉대는 꿀벌들처럼
한없이 커지는 소박한 꿈

하늘을 보면
은륜을 굴리는 어린아이들처럼
온 세상 가득
하늘빛 알곡을 허쳐 뿌리며 달려가고 싶다

－「하늘을 보면」전문 －

천진난만한 동심의 원망공간도 '하늘'이다. 그 하늘은 '온 세상 가득' 날개옷을 펼치며 날아가고 싶은 무한대의 공간을 의미한다. 이러한 천진난만성은 시의 본질에 접근되어 있는 심성이다. 그 투명한 동심이 시적 동경을 불러일으키게 된다.

2. 땅

낙엽을 보면서
고전을 읽고 참회록을 쓴다.

반짝이는 유혹의 섬섬옥수
깨끗이 떨어버리고
동굴로 들어가는 웅녀처럼
사람 되자고, 간절한 염원의

뿌리를 가다듬는다.

-「낙엽을 보면서 3」1연과 4연

내 영혼은
떨어진 낙엽을 밟으며
올려보네, 청자 빛 하늘
귀 기울이네, 조롱에서 놓여난
파랑새의 드맑은 노래소리에.

-「낙엽을 보면서 4」일부 -

이 시편은 자각하는 내용이다. 시인은 스스로 낙엽이라는 거울에 비춰보면서 자성한다. 이는 철이 든다는 증좌다. 그것은 땅에서 이뤄진다는 자각이다. 낙엽이 땅으로 떨어지기 때문이다. 여기에서의 "희끗한 내 머리"는 '낙엽'과 동일시된다. "낙엽이 되어 낙엽을 어루만진다."는 시작품 속의 행동이 이를 입증한다. 낙엽을 밟으며 하늘을 올려보는 행동은 자유를 희구하는 그의 원망 공간 한 자락을 펼쳐 보이는 셈이다.

그는 스스로를 다스리면서도 「화톳불」을 통하여 창 밖에 화톳불이 불새처럼 활활 타오르고 있다거나 "밤을 타서 마시는 내 생의 빙벽에도/ 불새가 날아와 비상의 나래를 퍼득거린다."고 짙은 원색을 내보인다.

하늘에 닿을 수는 없지만
태양의 미소를 누릴 수는 있으리.

물안개 너머 무지개 언덕에
낙원의 꿈을 가꿀 수는 있으리.

– 「빗속의 분수」3연 –

하늘과 땅 사이가 너무 멀다고
피워내던 불평의 먹구름 같은 것
미풍에도 흩날리던 원망의 흙먼지 같은 것
자족과 감사의 샘을 뚫어 가라앉히면
샘물 위로 청명한 달이 뜨리라.

– 「비」2연 –

여기에서는 비의 下降과 샘물의 上昇에서 기인되는 興起로서의 "열정의 노래"와 "태양의 미소", 그리고 "희망의 진주" "깨달음의 노래" "감사의 샘" "청명한 달" "영광의 하늘" "돈오(頓悟)의 물방울"이라는 은혜로운 각성으로 건강한 詩語를 수용하게 된다.

3. 꽃

목련꽃 진자리에
수련의 녹음이 짙어간다.

오탁의 세월은
흡혈의 곤충들 떼로 날아도
그리는 건 언제나 드맑은 하늘

잠긴 목 가다듬어
푸르고 둥근 소리 밀어 올린다.

푸르름은 외로움
원형의 회전은 즐거움
소금쟁이 외바퀴 굴리듯
긴장하는 존재의 표면장력으로
생의 늪지대를 건넌다.

탁한 세상 거울연못
까만 잠 속의 하얀 꿈
꽃으로 솟을 그날을 위해
마음의 진주 가꾸며 산다.

－「수련화를 기다리며」전문 －

세상이 아무리 더럽고 지저분해도, 아니 더욱 그럴수록 "그리는 건 언제나 드맑은 하늘"이라고 하면서 "푸르고 둥근 소리 밀어 올린다."고 했다 여기에서 '푸르다'는 색채의식과 '둥근'이라는 형태의식은 '하늘'이나 '우주'를 연상케 한다. 여기에서는 색채의식이나 형태의식을 '소리'라고 하는 청각적 음향의식으로 대치시켜서 혼돈 속에 용해하고자 한다. 즉 색채와 소리가 따로 없는 無色聲形이다. 般若波羅蜜多心經과도 흡사한 사고체계다. "푸르름은 외로움"은 '하늘'로 비유되는 聖의 세계를 말한다. "원형의 회전"은 신의 섭리, 즉 우주의 원리를 말한다. 우주는 모두 원형을 이루고 있고, 잘 주고 질 받으면 그 수수작용의 원리에 의해서 회전하게 되어있다. 周易에서의 陰陽說이나 원불교에서의 一圓相이 여기에 궤를 같이 한다.

임미옥 시인은 결국 상상의 날개옷을 입고 하늘을 날고자 하지만, 거기에서는 외로움을 타다가 宇宙의 授受法的 原理에 의해서 즐거움을 누린다는 얘기다. 그리하여 "꽃으로 숏을 그날을 위해 마음의 진주를 가꾸며 산다."고 귀결 짓는다. 그가 마음속에 지니고자 하는 진주는 신앙일 수도 있고, 시문학 작품일 수도 있으며, 사랑일 수도 있다.

황혼이면 돌아오듯이…

해살 비낀 창가에 앉아
빨래를 개키면서
선녀의 날개옷을 생각한다.

베란다 빨랫줄에 너울거리던
청바지 다홍치마 하얀 블라우스
형형색색의 날개들을 걷어 접는다.

어느 하늘에 살고 싶어
펄럭이던 날개이기에
이다지도 빛바래고 구겨졌을까.

헝클어진 사념의 날개를 접듯이
흐트러진 식구들의 옷가지를 개키면서
날개옷 입고 떠난 선녀를 생각한다.

마른 빨래처럼
메마른 일상의 연속

이슬이 내리기 전에
걷어서 개켜야 하는 빨래처럼
인생의 황혼에는 돌아와야 하는
내 시혼詩魂의 날개를 접어
생활의 서랍에 차곡차곡 넣는다.

－「빨래 개키기」전문 －

첫 구절(황혼이면 돌아오듯이…)부터 암유(暗喩)되어 있다. 그 점선(…)은 '현실'이라는 말을 머금고 있다. 그러므로 한 꺼풀 벗겨보면 "저물면 현실로 돌아오듯이"가 된다. 그러니까 명료하게 정리하자면, 하늘을 날고자 하는 선녀도 때가 되면 가정생활 속으로 하강한다는 얘기가 된다. 그것은 "베란다 빨랫줄에 너울거리던/ 청바지 다홍치마 하얀 블라우스/ 형형색색의 날개들을 걷어 접는다."로 절묘하게 표현하고 있다.

그도 유안진의 시 「날개옷」에서처럼, 무한히 펼치고 싶은 날개옷을 접어야하는 현실에의 자각을 갖는다. 그 과정에서 그는 "마른 빨래"처럼 "메마른 일상"을 아파한다. 그러면서도 그는 "걷어서 개켜야 하는 빨래"처럼 '접어야 하는 날개'임을 자각하고 "생활의 서랍에 차곡차곡 넣는다."고 생활인의 의지를 표로한다.

결국 임미옥의 시세계는 하늘과 땅, 이상과 현실, 聖

과 俗 사이의 편력(遍歷) 끝에 안주하는 첼로의 연주곡이라 할 수 있다. 그 연주는 현실에서 만족할 수 없는 이상의 꿈꾸기다. 그는 "까만 강물의 커튼 너머로 열리는/ 파란 하늘"을 「첼로를 켜는 여인」에서 꿈꾸고 있다. 그리고 그 꿈은 「빨래 개키기」를 통하여 꿈의 날개를 접어 생활의 서랍에 넣는다. 이 시편은 오랜 아픔(방황) 끝에 제자리에 서는 성숙의 결정체다. 상상의 나래를 펴고 하늘나라로 편력하다 지상으로 내려와 서는 절묘한 착지(着地)다. 상승과 하강을 거듭하는 그의 시작품의 첼로 연주는 앞으로 어떻게 화음이 되어 나올지 네 현의 귀추가 자못 궁금해진다.

임미옥 시집 첼로꽃

초판인쇄 2009년 10월 18일
초판발행 2009년 10월 21일
지 은 이 임미옥
발 행 인 황송문
펴 낸 곳 문학사계
주　　소 서울특별시 영등포구 문래6가
56-1 미주프라자 102호
전　　화 (016)561-5773
팩　　스 (02)2637-9759
이 메 일 songmoon12@hanmail.net
등　　록 2005년 9월 20일
제318-2007-000001호

ISBN 978-89-93768-11-4 03810

값 7,000원

배포처 자유문고 (02)2637-8988